基于核心素养的高中数学教学模式的构建与研究

林生／著

西安出版社

图书在版编目（CIP）数据

基于核心素养的高中数学教学模式的构建与研究 /
林生著. — 西安：西安出版社，2023.10
ISBN 978-7-5541-7137-0

Ⅰ．①基… Ⅱ．①林… Ⅲ．①中学数学课—教学模式
—研究—高中 Ⅳ．①G633.602

中国国家版本馆CIP数据核字（2023）第198484号

基于核心素养的高中数学教学模式的构建与研究
JIYU HEXIN SUYANG DE GAOZHONG SHUXUE JIAOXUE MOSHI DE GOUJIAN YU YANJIU

出版发行：西安出版社
社　　址：西安市曲江新区雁南五路 1868 号影视演艺大厦 11 层
电　　话：（029）85264440
邮政编码：710061
印　　刷：北京政采印刷服务有限公司
开　　本：787mm × 1092mm　1 / 16
印　　张：13.75
字　　数：215千字
版　　次：2023 年 10 月第 1 版
印　　次：2023 年 12 月第 1 次
书　　号：ISBN 978-7-5541-7137-0
定　　价：58.00 元

前 言

在核心素养的指导下，高中数学教育的新起点和新终点都有了明确的定位。在教师的授课和学生的学习评估中，核心素养起到了引导的作用。有了目的，就有了动机，对于教师来说，在教育中设置教学目的，就等于是为自己设置了一个指向性标杆，自己所进行的各种教育手段和教育行为，都是为了实现这个目的，从而提高学生的核心素质。在核心素养下，高中数学的教学，是为了让学生能够适应终身发展的时代，以及培养学生社会发展所需的必要品格和关键能力，重点体现在数学抽象、逻辑推理、数学建模、数学运算、直观想象和数据分析六项上。作为发展学生核心素养的指导教师，我们要意识到，素养和知识是两个完全不同的概念，知识是发展素养的基础，然而，如果只学会了知识，却没有对学生的核心素养进行提升，那么，就无法全方位提高学生的综合素质。学生可以通过一定的方式提高自己的问题解决能力，进而将日常生活中的普通问题转变成数学问题，然后用数学的方式对问题进行探索、分析和解决。

本书首先对核心素养、数学素养和相关的基本理论基础进行了简单的介绍；其次，从核心素养的视角对高中数学的教学模式进行了论述，主要内容有"导学案设计""问题串教学""生活化教学""自主学习""数形结合"和"习题课"等；第三，在此基础上，对以核心素养为视角的高中数学教学创新模式进行了分析，使读者对以核心素养为视角的高中数学教学创新模式有了一个全新的理解；第四，以核心素养视域下的高中数学教学策略研究为基础，对其展开了较大程度的完善；最后，从多个维度，对以核心素养视域下的高中数学教学案例分析进行了详细的阐述，这充分展现了21世纪我国在核心素养视域下的高中数学教学模式构建方面存在的前沿问题，力图让读者充分认识到将核心素养融入高中数学教学模式研究的重要性和必要性。这本书具有很强的理论性和实用性，可以为高中数学教学人员提供一定的参考。

为使这本书更具学术性和严谨性，作者在编写这本书的时候，参考了很多文献，引述了很多专家和学者的研究结果，由于篇幅所限，无法一一列出，在这里，作者向各位专家和学者致以衷心的谢意。因时间紧迫，加上作者能力所限，书中难免会有疏漏之处，还请大家多多指教，多提宝贵意见，使作者在以后的写作中能更好地发挥自己的才能。

目 录

第一章

核心素养及
数学素养的基本概述

第一节　核心素养基本概述

一、核心素养的内涵

（一）"双基""三维目标"与"核心素养"的提出

"双基"这一概念于1952年由教育部颁布的《中学暂行规程（草案）》中被第一次提出，至20世纪末期，"双基"成了"双基"课程的核心思想，并突出了以基础知识、基本技能为主要内容的课程观念。它的影响是如此之大，以至于在今天的中小学中，到处都可以看到它的身影。2001年6月，教育部印发的《基础教育课程改革纲要（试行）》是我国新一轮课程改革实施的起点，其中，"三维目标"是我国新一轮课程改革的重要内容。"三维目标"更强调具有方法论意义的学习方式和学习能力，更关注学生情感、态度、价值观等品质的发展。"三维目标"将知识与技能、过程与方法以及情感态度与价值观作为一个有机的整体，并将其分为三个层次加以阐释。"三维目标"指学生全面和谐发展，个性发展，终身发展。当前，新课程改革的成效并不明显，尽管"三维目标"已经很有科学性，但它的表述过于笼统，很难贯彻执行，因此，在借鉴了国外的教学成果以及国内的课程改革的经验之后，在2016年9月，我国正式发表了关于核心素养的教学目标的研究成果。核心素养结构框架从学生未来的工作和生活层面确定了教学目标分为文化基础、自主发展和社会参与三大部分，更详细具体地体现了现代化素质教育的理念。

（二）"双基""三维目标""核心素养"的联系与区别

"双基""三维目标""核心素养"具有内在的一致性。"双基"的提出，与当时的经济实力、生产条件等密切相关。因为当时的工业水平不高，而工业的发展又需要技术推动，因此，对学生的基础知识、基础能力的训练就显得尤为重要。之后，随着经济的发展，生产力发展到了一定程度，出现了许多新的职业，这时，仅仅拥有基础知识和基本技能的人才，已经无法满足社会的需求。因此，教育倡导重视过程与方法、情感态度与价值观的培养，重视提高人才的综合素质，让人们可以胜任多种职业。如今，在新的时代背景下，又提出了"核心素养"的教学目标，它既强调人文和自然科学的全面素质，也强调人们在社会生活中应具有的人际关系、自我学习、实践能力和国际理解能力。核心素养是一种对一个人应该具有的素质进行综合、具体的描述。总的说来，"双基""三维目标""核心素养"等都是教育对人才培养的具体要求，而且这些具体要求是随着时代的发展而不断变化的。

（三）核心素养的定义

核心素养是指学生为达到终身发展、适应社会发展的要求而应具备的人格品质和关键能力。我们确立了以"全面发展的人"为核心，将其划分为文化基础、自主发展和社会参与三个方面，具体为人文底蕴、科学精神、学会学习、健康生活、责任担当和实践创新等六大素养，这六大素养又被细化为十八个基本要点，但它们并不相互独立，而是相互协调、相互促进、共同发展的。当前，在这个总的框架下，我们制定了适合不同年龄阶段的学生的核心素养内涵，制定了具体的课程实施策略，制定了课程质量评价体系。

1. 人文底蕴

人文积淀：具备古今中外人文领域的基本知识和成就，可以了解并掌握人文思想中所包含的认识方法和实践方法等。

人文情怀：要有"人"的意识，要尊重并维护人的尊严与价值；能够关注人类的生存、发展、幸福等。

2. 审美情趣

审美情趣：具有艺术知识、技能与方法的积累；能理解和尊重文化艺术的多样性，具有发现、感知、欣赏、评价美的意识和基本能力；具有健康的审美价值取向；具有艺术表达和创意表现的兴趣和意识，能在生活中拓展和升华美等。

3. 科学精神

理性思考：提倡"真"，能够了解并掌握科学的基本原则与方法；具有较强的研究能力，具有较强的求知欲；有较强的逻辑性，具有较强的认知、解决问题、指导行为等能力。

批判质疑：有独立思考和判断的能力；有较强的思考能力，能够从多角度，多层次，多辩证的角度进行分析，并做出决策等。

勇于探究：有强烈的求知欲和想象力；敢于面对困难，具有不断探索的精神；勇于尝试，主动寻找解决问题的有效途径等。

4. 学会学习

乐学善学：能够对学习有一个正确的认识，对学习有一个积极的态度，对学习有很强的兴趣；能够养成良好的读书习惯，并能掌握与自己相适应的读书方法；能够独立学习，并具备终身学习的意识与能力等。

勤于反思：有自我检讨的意识，并养成了检讨自己学习状况的习惯，善于总结经验教训；能根据不同的情况和自己的实际情况，对学习策略、方法等进行选择或调整。

信息意识：能够自觉有效地获取、评价和识别实用信息；具备数字生活的能力，能够积极地顺应"互联网+"和其他社会信息化的发展潮流；具备了网络的道德规范和信息安全的意识等。

5. 健康生活

珍爱生命：认识生活的意义，认识生活的价值；具备一定的安全意识和自我防护能力；要掌握好运用的方法和技巧，培养出健康文明的行为习惯和生活方式等。

健全人格：良好的心理素质，自信、自爱、坚强、乐观；有一定的自我控制力，能够对自己的情绪进行调整和管理，有一定的抗挫能力等。

自我管理：能够对自己有正确的认识和评价；根据自己的性格和潜能，选择合适的发展方向；合理安排和利用时间和精力；具备持续行动的能力，直到达到目标等。

6. 责任担当

社会责任：自尊、自我约束、文明、有礼、有情、有义；孝顺父母，有一颗感恩的心；有强烈的社会责任感，有较强的工作热情，有良好的团队合作精神；积极主动，认真履行职责，有责任心；能够辨别是非，具备法律的意识，能够主动地履行自己的职责，合理地行使自己的权利；追求自由和平等，维护社会的公平和正义；热爱和尊敬大自然，具备环保的生活方式，可持续发展的思想和行为等。

国家认同：具有民族意识，了解本国的情况与历史，认可自身的国家特性，并能有意识地捍卫本国的主权、尊严与利益；要有文化自信，要尊重中国优秀的文化遗产等。

国际理解：具有全球意识和开放的心态，了解人类文明进程和世界发展动态；能尊重世界多元文化的多样性和差异性，积极参与跨文化交流；关注人类面临的全球性挑战，理解人类命运共同体的内涵与价值等。

7. 实践创新

劳动意识：尊重劳动，具有积极的劳动态度和良好的劳动习惯；具有动手操作能力，掌握一定的劳动技能；在主动参加的家务劳动、生产劳动、公益活动和社会实践中，具有改进和创新劳动方式、提高劳动效率的意识；具有通过诚实合法劳动创造成功生活的意识和行动等。

问题解决：具有良好的发现、提问能力，对问题有浓厚的兴趣和激情；能根据具体情况选择合作的方法解决问题。

技术应用：了解科技与人类文明之间的关系，对科技有浓厚的兴趣，并愿意学习、掌握科学技术；具备工程学的思想，能够把想法、计划转变成实操，或者对现有的产品进行改良、优化等。

（四）关于核心素养内涵的界定

1. 张华、刘恩山、余文森等主张"要素说"

在张华看来，"核心"的含义就是"普遍性"，它是一种对所有情况、所有人都具有普遍性的素养。刘恩山指出："核心素养是一种跨学科的、在所有学科中都能得到发展的、对个人最有益的素养"。在余文森看来，核心能力是最根本、最重要、最具成长力的能力，就像摩天大楼的基础一样，决定了大楼的高度。核心能力的培养是一个非常重要的阶段，一旦失去这个阶段，就再也没有机会了。

2. 李艺和钟柏昌等主张"层次说"

他们认为基础教育核心素养具体包括了以下内容：双基指向、问题解决指向和科学（广义）思维指向。"双基"取向为"基础"，强调"基础知识"与"基本技能"；"问题解决"是一种中等水平的教学，其目的是使学生掌握基本的问题解决方法；科学（广义）思维取向是最高层次的，它将学生在各个学科的学习过程中所形成的思考问题、解决问题的思维方式和价值观作为目的。

在谈到核心素养的问题时，大部分的学者都认为，核心素养属于一种最基本、最普遍的素养，它在个体的学习、身心发展以及社会发展等方面都可以起到基础性和关键性的影响。

3. 国际上关于核心素养内涵的认识

国际经济合作与发展组织在核心素养方面提出了三个维度，即学生可以主动地使用工具，可以在异质性群体中互动，可以自我约束和自主地行动。在欧盟看来，核心素养包括了八个方面，分别是母语、外语、学习能力、信息素养、数学与科技素养、公民与社会素养、创业精神和艺术素养。在《走向终身学习——每位儿童应该学什么》一书中，联合国教科文组织提出了"身体健康""社会情绪""文化艺术""文字沟通""学习方法与认知""数字与数学以及科学与技术"等七大要素。美国在"21世纪技能"框架中提出了三个方面的技能，分别是"学习和创新技能""信息传媒和科技技能"和"生活和职业技能"。在加拿大的魁北克省，学生的核心素养主要包括四个方面：认知能力、个性与社会能力、方法能力和交际能力。在《发展教育的核心素养：来自一些国际和国家的经验和教训》一书中，联合国教科文组织将其界定为：一个人必须按照其期望的方式生活，并确保其社会正常运转。从上面的表述中可以看出，各个国家都以自己的国情为基础，将时代需要、社会发展和人的全面发展作为一个方向，来制定核心素养框架。

（五）关于核心素养的实践

目前，我国对核心素养的研究多是围绕着新课改展开的。辛涛等提出了构建国家核心素质模式的设想，并提出了在核心素质的选取中，应突出"一贯性""发展性"和"时代性"三个方面的内容；建设核心素养要征询利益相关方的意见；要正确地认识和把握核心素养与教育改革和发展之间的关系。朱小蔓认为，在培养学生的核心素养方面，分学科教学与学科融合应当同时进行。在国际上，核心素养的实施既有与新课改的外在联系，更有与新课改的内在联系。对核心素养实施的研究主要分为以下三个方面：第一，核心素养的实施需要在国家层面上对其进行支持和引导，并制定出与之相适应的教育方针与政策。法国于2006年通过《共同基础法令》，将"核心素质"纳入"课程目标"中，对"核心素质"的落实进行了有效的保障和规范。另外，芬兰制定了《国家基础教育核心课程》，匈牙利也制定了《国家核心课程》。第二，培养学生的核心素养，要实现课程的多元化。在国际上所实行的核心素养课程形态中，有一些是以学科为主体的，还有一些是将核心素养贯穿到整个课程体系中的。第三，把传统的素质教育与现代的核心素质教育有机地结合起来。

二、高中数学核心素养与双基、四基的关系

"双基"即"现代科技基础知识"和"现代科技本技能"，"四基"即"基础知识""基本技能""基本思想"和"基本活动经验"。可见，"四基"是对"双基"的包容和发展。作者认为，中学数学核心素养的培养和"双基""四基"教育的区别是：中学"双基""四基"教育强调的是培养学生的基本数学能力，但并未给出具体的教学目标和指导；中学数学核心素养的六大教育因素则是基于"四基"教育的教学目标和指导思想。另外，"双基""四基"两种课程并未从"以知识为中心"的课程理念中走出来，"双基"教学以知识积累为中心，"四基"教学以学生的经验积累为中心，在教学过程中仍存在着"以知识为中心""以课程为中心""以成果为中心"的倾向。在中学数学教学中，"核心素养"的提出试图从"课程育人"转变为"育人为本"，使课堂由"知识传授"转变为"学生发展"，由"以老师为中心"转变成"以学生为中心"。数学核心素养的培养，考虑的是在学习了数学以后，究竟留给学生什么，对他们的成长有何特别的贡献。

"双基"课程的核心是基础知识和基本技能，它要求学生有一个牢固的、熟练的基本功，提出核心素养会让学生终身受益，终生难忘。"四基"是对"双基"理论的补充，是对科学发展观的补充。高中数学核心素养的六个要素，目的是提高学生对数学学习和运用的高度和广度。例如，"双基""四基"是一座摩天大楼的基石，而高中数学核心素养的六个要素则是一座更加牢固的摩天大楼。可见，高中生的数学核心素养和"双基""四基"之间的关系是一脉相承、相辅相成的。

三、高中数学核心素养与数学能力之间的关系

数学能力是一种特殊的能力，它是成功地进行数学学习活动、数学研究活动所必需的，并且可以对学生的活动效率产生直接影响的一种个性心理品质。它包括学生在学习、研究、发现数学知识以及应用数学知识解决数学问题的过

程中，将数学知识与其他问题、符号、方法以及证明相结合的能力；还包括将这些知识用于解决数学问题（或者相似问题）的能力。

从理论上，通过对"数学核心素养"和"数学能力"这两个概念的分析，我们发现两者之间存在着一定的交叉性。在对数学核心素养的研究中，一些学者也曾经指出，数学核心素养具有综合性、阶段性和持久性的特征。综合性指的是数学核心素养是数学核心知识、核心能力、数学思考与数学态度等方面的综合体现。从这一点中我们可以看到，从内涵上来看，数学核心素养的意义要比数学能力更加宽泛，数学能力是数学核心素养的一部分。可以说，数学核心素养是对数学能力的一种扩展。

从实际情况看，数学能力是与生俱来的，也是后天培养的。但是，数学核心素养是经过后天的培养才能形成的，它是经过教育者有意识地规划、设计和培养的，经过教师的教学、学生的学习，并在此过程中，教师对学生进行了长时间的、有意识的引导，从而让学生获得的。因此，培养数学核心素养，不影响对学生数学能力的培养，两者是相互促进、相辅相成的。

四、高中数学核心素养与素质教育之间的关系

素质教育以全面提高个体的基本素质为目的，尊重个体的主体性和主动精神，以个人的性格为基础，注重开发个体的智慧潜能，以形成个体的健全个性为特征。

（一）从内涵上来说

通过对素质教育和高中数学核心素养内涵的比较，我们可以看出，这两个概念之间不但没有矛盾，反而有互补的关系。素质教育强调人的全面基本素质，是为个人将来的做人和发展打下基础的一种教育。高中数学核心素养的培养，是在继承素质教育的前提下，进一步促进学生的基本素质的发展。

（二）从实践上来说

素质教育着眼于提高人的基本素质，注重培养学生的创造性和动手能力，目的是要使他们成为德、智、体、美、劳等各方面都得到充分发展的社会主义事业的建设者和接班人。高中数学核心素养的目的是要培养一个人的基本思维素质，以及一个人的重要能力。在实际操作过程中，素质教育强调的是学生全面发展，高中数学核心素养是根据数学学科的特点来培养的，但是这并不意味

着离开素质教育就可以谈论高中数学核心素养，而应以素质教育为基础，在全面发展的基础上，对其进行有针对性的深化和扩展。从培养方式上来看，这两种教育都是需要经过后天的培养，并由教育机构与教育者有意识地对教育展开规划、设计与实施，再经过正规的课程教学，通过教师有意识的、长时间的教育引导，最终让学生得到全面提升的教育。因此，两者之间并没有什么培养和发展上的冲突，反而是一种传承和发展。

第二节　数学核心素养基本概述

一、数学学科核心素养的内涵

"素养"一词在《汉英双解辞典》中的解释是"日常生活中的修养"，将二字分开，"素"原为"白色""本来"，后扩展为"原来、一直"；"养"一词原指"提供生活必需品"，后被扩展为"培育"。从中我们可以看到，"素养"是一种日常生活中最基础的素质，它应该包括在自然和人为的培训和练习中所得到的技巧和才能，包括了个体的知识和技能，伦理和理念，思想和方法；"素养"也是人在一定的社会环境中，所应具有的各种基本素质，其中包含了知识、技巧、情绪、态度、价值观念等。例如，余文森教授清楚地提出："核心素质是素质体系中最基本的要素，它是一个人进一步发展的基础，也是一个人进一步发展的核心。"成尚荣教授认为：核心是指一件事情的实质，它在整个事情中起到支撑、引领、不断推动发展的作用。在此意义上，学生们将核心素养中的"核心"视为基本，即人格、能力等方面的基石。成尚荣教授的观点则把人的品质定义为人的整体发展，即人的所有方面都获得了充分和自由的发展。从理论上讲，"以人为本"是贯彻"以德为本"的思想，是坚持以人的全面发展为中心的思想。例如，中国学生发展核心素养研究小组的负责人在答记者问时说，"在价值定位上，核心素养是党的教育方针的具体化，是连接宏观教育理念、培养目标与具体教育教学实践的中间环节""以核心素养为桥梁，将党的教育方针转变为教育教学实践可用的、教育工作者易于理解的具体要求，明确学生应具备的必备品质和关键能力，从中观层面，深刻回答'立什么德、树什么人'的根本问题，进而引领课程改革和育人模式变革"。在此基础上，笔者提出："核心素养"是当前社会发展需要的一种技能和品质，既是最关键、最重要、最核心的一项，又是新课程改革和发展的精髓，更是一个关于"怎样的人"的深层认识，一个具有前瞻性和综合性的认识。

核心素养的培养，建立在各个学科的教学之上，因此，学科核心素养是核心素养的延伸和实施，它指"在某学科知识和技能教学的过程中，体会到该学科的思想和方法，从而形成必备的学科能力"。郝京华教授指出，学科核心素养是"核心素养"在某一专业领域中的具体表现，它是指学生通过对某一专业的学习而获得的、有该专业特色的重要成绩，它反映了该专业的教育价值，各专业的核心素养各不相同。数学是一门逻辑性很强、应用很广的学科，是一门需要具备新课程标准下数学学科核心素养的学科。在新课标出台以前，关于数学核心素养的研究一直是学术界争论的焦点。例如，马云鹏教授在关于数学核心素养的讨论中指出："数学素养指的是一个人为了成为一个会关心、会思考的公民，所必须具备的知识，同时也包括了对数学在自然、社会生活中的地位和能力的了解，还包括了对数学进行判断的能力，以及参加数学活动的能力。"在史宁中老师看来，数学核心素养"能够用数学的眼睛去看这个世界，能够用数学的方式去思考这个世界，能够用数学的方式去表达这个世界"。所谓"数学之眼"，其实质是抽象化，抽象化使数学具有普遍性；所谓"数学思考"，其实质是"推论"；所谓"数学语言"，就是"数学模型"，模型使得数学的应用具有广泛性。

笔者以为，数学学科核心素养是学生在学习数学的过程中，通过对数学知识和技能的理解和掌握，对思想和方法的积累和应用，能够在实际的问题情境中，从数学的角度来分析问题，解决问题。数学核心素养的培育对于推动学生的全面发展具有重要意义。因此，学习了数学，即使以后不从事与数学相关的工作，甚至忘记了数学知识，也可以用数学的眼光去观察，用数学的思路去思考，用数学的语言去表述，用逻辑性和理性思维去有系统地、有针对性地分析和解决在工作和生活中所面临的问题。

二、数学学科核心素养的要素

在对数学学科核心素养进行定义和分析的基础上，为充分发挥其教育作用，实现"立德树人"的目的，《普通高中数学课程标准（2017年版2020年修订）》对数学学科的具体含义进行了阐述。数学学科核心素养被定义为：数学抽象、逻辑推理、数学建模、直观想象、数学运算、数据分析，见表1-2-1。

表1-2-1　数学学科核心素养的六大方面

要素	内涵	主要表现
数学抽象	数学抽象通过对数字与数字之间的联系与空间形态的抽象化，从而获得所要学习的数学知识。主要内容：从数量与数量的关系、图形与图形的关系中抽取出数学的概念以及它们之间的关系，从一件事情的特定的环境中抽取出一些规则和结构，并用数学的语言对它们进行表达	获得了数学的概念和规则，并提出了数学命题和模型，最终形成了数学方法和思维，并对数学的结构与体系有更深的了解
逻辑推理	逻辑推理就是根据一定的命题与事实，根据一定的规律推导出另一个命题的能力。主要有两种类型：一种是由特殊性到一般性，以归纳和类推为主；一种是由一般性向特殊性的推论，这种推论以推导为主	对推理的基本格式和规律的把握，对问题和命题的发现，对论证的过程进行探究和表述，对命题的了解，用逻辑思维进行合理的表达和沟通
数学建模	数学建模就是对实际问题的抽象，用数学来表达问题，用数学方法来建立数学模型来解决问题。在实际情境中，从数学的角度出发，对问题进行探索，并在此基础上，可以对其进行深入的研究	发现并提出问题，构建求解模型，对模型进行检查和改进，并对问题进行分析和解决
直观想象	直观想象指通过几何直观和空间想象，来感受事物的形状和变化，并运用空间形式尤其是图形，来对问题进行理解和解决。它的基本内容：通过对物体位置关系的理解，对物体形态的变化及移动的规则的理解；运用图示方法进行数学问题的分析；在此基础上，通过对数字和形式的结合，对问题进行了形象化建模，并对其进行了探讨。直觉的想象力是发现问题，分析问题，解决问题的主要方法	将形和数之间的关系构建起来，使用几何图像对问题进行说明，以几何形象来了解问题，通过空间想象力来认识事物
数学运算	数学运算就是在明确操作的数学目标后，根据操作的规律，运用操作的方法来解决问题。具体内容：对运算对象的了解，对运算规律的把握，对运算思路的探索，对计算方法的选择，对计算程序的设计，以及对计算结果的分析等	对运算对象的理解，对运算规律的掌握，对运算思维的探索，从而获得运算结果
数据分析	数据分析就是以调查对象为中心，获得数据，并利用一定的数学方法，对数据进行整理、分析和推断，从而获得有关调查对象的知识。具体内容：对资料进行采集、对资料进行分类、抽取资料、建立模型、进行推断，得出结论	对数据的理解，对数据的掌握，对数据的探索，从而获得数据结果

在培养数学抽象核心素养的过程中，要让学生感受到从具体到抽象的这一过程是怎样进行的，具体与抽象是怎样转化的，从而对数学的本质有一个总体的认识和掌握，逐渐培养出一种思维方式和分析问题的能力，从而可以对其他学科和生活中出现的问题进行分析，可以对事物的本质进行分析。

逻辑推理指的是对数学中的联系和变化进行分析和推断，帮助学生从已经知道的条件中推断出自己想要的结果，从而清晰地理解数学知识之间的关系，建立起一个知识的框架。这对学生养成一种严谨的逻辑思维方式，以一种理智和客观的态度来看待身边的事情是有帮助的。

数学建模指的是在数学抽象的基础上，对数学问题进行解决，能够让学生感受到数学与实际生活之间的关系，从而深化他们对数学知识的认识。针对问题建立一个数学模型，并利用数学知识对其进行求解，从而提高他们的创造力。

培养高中生直观想象的素质，可以帮助他们提升发散思维，让他们可以从多个角度对问题进行分析和解决，从而提升他们的直观想象能力。

数据分析对学生从复杂的数据中提取和处理有帮助的信息有帮助，对提升学生用数据来表达数学问题的意识有很大帮助，可以让他们养成用数据思维问题的习惯，从而提升他们的数据分析能力。

培养数学运算素养，可以对学生快速运算的能力进行更深层次的提升，让他们可以更好地对运算方法进行选择，这既可以培养学生解决数学问题的能力，也可以让学生养成思考问题的习惯。运用数学计算，既可以提高学生的数学思维能力，又可以培养学生科学的科学精神和严谨的科学精神。

三、数学学科核心素养的特征

在对国内外数学学科核心素养进行研究的基础上，有学者将其特征归纳为三个方面：综合性、阶段性和持续性。

（一）综合性特征

高中数学学科核心素养是数学核心知识、数学能力、数学思想方法、数学文化、数学习惯和态度的集中体现。在数学学习的过程中，学生不仅要掌握数学基础知识和基本能力，更重要的是要学会用数学语言来对问题进行描述，用数学眼光来看待问题，最终用数学思维来对问题进行分析和解决。数学的核心素养是以数学的基础知识和基础能力为基础的，它的外在体现就是运用数学知识来解决问题的数学素质和态度。

（二）阶段性特征

数学核心素养在各个学习阶段的体现程度是不一样的。由于在不同的年龄阶段，学生的心理和认知能力都不一样，所以，对每个阶段的学生所要达到的数学核心素养的要求也不一样。因此在面对相同的数学问题时，不同层次、不同年级的学生会有不同的分析和解决的方式。学生的思维水平和对问题的理解程度，会因为他们的年龄和知识水平的不同而产生差异。因此，在不同的阶段，他们的数学核心素养会有不同的表现。

（三）持久性特征

数学核心素养是指学生学习与内化数学知识与技巧，而具备的基本数学能力与素质。在今后的工作和生活中，让每一个人都能有意识地或不自觉地从数学的视角来分析问题，并用数学的思考方式来解决问题，这就是数学学科的核心素养。数学核心素养不是一个即时性的问题，它是一项持久性的活动，在学生学习的过程中，形成一种对学生终生都有好处的数学素养，这才是数学学习的最终目的。

四、数学学科核心素养内容的具体阐述

（一）直观想象素养

《普通高中数学课程标准（2017年版2020年修订）》在其课程目标中明确提出："直观想象素养"指学生通过几何直觉、空间想象来认识物体的形状、变化，并能运用几何图形来认识并解决数学问题。其主要内容有：利用空间来认识物体的方位关系，利用空间的形态变化和运动规律；运用图形对数学问题进行描述和分析；通过对数学问题的形象化结合，对数学问题进行形象化建模，并对问题的解法进行探讨。从其学科价值来看，直觉想象素养能促使人们发现和提出数学问题，它是探索论证思路、进行逻辑推理、建立抽象结构的思维依据。从它的教育价值来看，直观想象素养可以帮助学生将许多抽象晦涩的概念、公式、定理转化为直观、生动、形象的图式，从而提高他们的理解和记忆能力。在本书中，作者同样使用这一定义对直观性素质进行了界定：直观性素养既包括数形结合的直观性，又包括空间直观性，还包括物体的位置关系、

形状变化、运动变化的规律，直观性并不等同于数形结合，也不等同于几何直观性，更不等同于空间直观性，而是几何直观性与空间直观性的结合，具有十分丰富的意蕴与价值。

在《普通高中数学课程标准（修订稿）的意见征询——访谈张奠宙先生》一文中，洪燕君，周九诗，王尚志，鲍建生，张奠宙教授在论文中指出："几何直觉和想象力是形成数学直觉的根本方法，注重直觉和想象力的训练，有助于学生形成利用图形和空间想象力进行思维的良好习惯"。

何小亚在其《数学核心素养指标之反思》一文中，从六个方面逐一剖析和思考了其具体含义。在直觉想象方面，他有两个思考：第一，为何在高中阶段，人们对"空间"的认识要高于初中阶段，但在这一阶段，人们对"空间"的要求反而有所淡化；第二，为何没有将"化归"列为数学教育的核心素养。基于反思，他提出了数学核心素养框架。桂德怀与徐斌艳在《数学素养内涵之探析》中对"数学素养"一词的来源、内涵的演变过程以及"数学素养"的构架进行了比较与分析，为建立"数学素养"的构架提供了一些可资借鉴的内容。

胡云飞在其《基于提升直观想象素养的立体几何法则课的设计与反思——以〈直线与平面垂直〉为例》一文中，通过对《三维几何初阶》中"直线与平面垂直"这门课的教学实例的分析，对如何从提高学生的直观性和形象性出发，构建一门以提高学生直观性、形象性和理解力为基础的立体几何教学策略进行了较为详尽的论述，并提出了注重学生的主体性；注重直觉，逐渐形成空间意识；注重对文字、图像、符号语言的了解；强调立体几何与平面图学的联结，强调"化归"的概念。

乔霁和高琳在《超级画板对学生直观想象能力的培养探究》一文中，从"动点"型问题、动态图形的面积交叠问题和二次曲线问题三个角度，探讨了利用"超级画板"的几何直观性来提高学生的直观想象能力的途径。方雅茹在她的《高中生数学素养培养的实践研究——以几何直观与想象素养为例》的硕士论文中指出："要提高学生的直观、想象素养，必须注重几何建模、利用实物建模、强化学生对数学推理结果的认识，并充分利用多媒体技术，从而提高学生的数学推理能力"。

（二）推理与数学推理

"推理"作为人类日常生活、学习、工作等过程中的一种常见的思维方式，是逻辑学、心理学、认识论等领域的一个重要课题。在逻辑学中，推理被称为"思维形式"；心理学家认为它是一个"思维过程"；在知识论中，推理被看作是"单纯模拟"，它是人们的抽象思想。以上三个论断，从不同的角度来描述"推理"，可以互相学习和补充。说到"数学推理"，毫无疑问，这是一种符合逻辑的东西。这个问题对于数学教育来说，无疑是至关重要的。《试论数学推理过程的逻辑性——论什么是有逻辑的推理》一文中，东北师范大学史宁中教授就这一问题做了详细的阐述。笔者从形式逻辑的观点出发，认为数学推理是与命题直接相关的。简而言之，数学上，我们将那些关于客观事物条件的正反两方面的思考方式叫作"判断"，将那些表达这种判断的话语叫作"命题"。数学推理是从一个或多个数学问题中推导出新问题的一种思考方式。只有在明确了数学推理的概念之后，才能更好地理解其思想基础。总的来说，数学推理遵循着三条最早出现在形式逻辑中的规律，这三条规律就是：一致性规律、对立性规律和中和性规律。

一致性：在相同的思维过程中，每一个观念本身都具有一致性，也就是说，每一个观念都应该被用在相同的意义上。同一律指的是，在同一思维过程中，每一思想都要有确定的内容，不能亦此亦彼，必须保持自身的同一性和确定性。在推理过程中，如果违背了这一规律，就会产生概念模糊、概念偷换、论点转移、论点偷换，因此就无法做出准确的判断。由于对同一条定律的不了解而导致的错误是一种很普遍的现象。在平面几何里，三角形分为锐角、直角、钝角三种。当学生在画图解题目的时候，老师会着重指出，不能把题设中的普通三角形画成特定的三角形，而一些学生就会把它画成一个锐角三角形，事实上，锐角三角形也是一种特定的情况。正确的方法应该是，如果题目需要一个特定的三角形，那么就按照题目的要求去画；如果没有特别的说明，则将它们分为三类，即锐角三角形、直角三角形和钝角三角形，并分别进行分析、论证。

对立性：同一对象，在同一时间内，在同一关系下，不能具有两种相互矛盾的性质，或说一个思维及其否定不能同时为真，其公式为：A是非A。矛盾律要求观念之间不存在相互矛盾，违背它就会产生矛盾。例如，对于实数，我们认为7是无理数，就不能同时又说它是有理数。

中和性：同一对象，在相同的时间和相同的关系下，它或者是具有某种性质，或者是不具有某种性质，两者之间必须有一个，不能有第三种情况。它的表达式是：要么A要么不A。比如，在判定一个数字是否有理数的时候，可以选择"该数字是有理数"还是"该数字不是有理数"。

1. 推理的分类

关于推理分类的观点有很多，一般而言，按其结论的可信度，推理分为必真推理（演绎推理和完全归纳推理）和似真推理（类比推理和不完全归纳推理）两类。按其所表现出的思维的倾向性，主要有合情推理和演绎推理。其中，合情推理又分为归纳推理和类比推理。这里值得注意的是，合情推理与演绎推理联系紧密、相辅相成，合情推理的结论需要演绎推理的验证，而演绎推理的思路一般是通过合情推理获得的。不论按何种方式进行分类，每种推理都有其对应的推理方法，它们共同构成了分析、论证数学问题的基本工具。

2. 推理的方法

（1）归纳法

归纳就是从特殊的情况中，得出一般的结论。因此，归纳法就是一种从特殊到普遍的推理方式。根据所研究的对象的完整性，归纳法可以被划分为完全归纳法和不完全归纳法两种类型。

① 完全归纳法

完全归纳法是一种通过对一类事物的整体对象进行考察，确定其都具有一种属性，从而得出该类事物都具有这一属性的一般性结论的归纳推理方法。这是一种严谨的推理方法，从一个正确的前提出发，就一定能够得出一个正确的结论，也就是得出的结论是可信的，而且还可以应用于其他的数学问题。

② 不完全归纳法

不完全归纳法是一种通过对某一类事物中某些对象所具有的某种性质进行研究，并由此得出该类事物所具有的全部性质的一般结论。应该指出的是，因为不完全归纳是由部分推广到全体，所以它的前提与结论之间并不一定存在着必然的关系，所以结论并不一定是正确的，只能被看成是一种猜想，所以它并不是一种严谨的推理方法，不能作为一种数学证明方法。不过，这也是一种创新。在数学领域，很多研究都是通过完全归纳法推导出一个猜想，然后再验证这个猜想的正确性，比如欧拉公式和哥德巴赫猜想。除此之外，在高中数学中的一些概念、公式以及定理，可以用完全归纳法引出，这更适合学生的年龄和知识特点。在问题解决教学中，也可引导学生探索发现解决问题的思路。以目前新课标的实验教材为参照，就会发现，这一教材中的很多内容，都体现了归纳教学的价值之处。

举例来说，在人教A版必修二第6章中有一个"正弦定理"，它出完整的归纳方法得出。首先，从一个特例出发，探讨了一个三角形的两个角之间的关系；其次，对两种情形进行了比较，最后，总结三角形两个角之间的关系。因为三角形是由锐角，直角，钝角三个三角形组成，所以这个探索的过程就是一个完整的归纳。

（2）类比法

类比是从两种或两种不同类型的事物中，推论出它们在其他方面也有可能是相同或类似的。简单地说，就是由一个特殊的前提引出一个特殊的结论。比如，人教A版选修二第2章中，对等差数列的有关性质和结论进行了类比，从而得到了很多等差数列的性质和结论（等差数列的中项，通项公式，等等）。再比如，人教A版选修二第3章所述的不等式的某些性质，可以用相似的等式来表示。在数学教学和学习中，运用类比法，可以使较复杂的问题变得简单，使问题得到较好的解决。应当指出，从类推中得出的结论只能在某种程度上可信，其真实性仍有待进一步论证。

（3）演绎法

演绎法即演绎推理，是一种由普遍到特殊，由普遍到个体的推定方法。在此基础上，人教A版选修二第2章提出了一种新的、具有较强应用价值的推论方法。演绎推理有很多种，在此只简单地介绍一下最基本，也是最常用的三段论推理方法。"三段论"是一种推理，通过对一种事物的一个全称（大前提）和一个特殊的（小前提），推导出另一种新的、更小的、特殊的（小前提）。

从心理学的角度来看，"能力"是指人们在一定的社会生活中，能够成功地进行一定的活动所必需的一种心理品质。数学能力是一种特殊的能力，它是学生成功地进行数学活动所必须具备的心理品质，它直接影响着学生的学习效果。其中，逻辑推理是一种重要的数学能力，在数学能力中占有重要地位。在数学教学中，学生的思维方式是相互影响的。在数学活动中，推理的能力主要表现为：利用理性推理，来获取对数学概念、公式、法则等知识的理解，或者是对问题进行探索和解决，或者是发现和得出猜想和结论，并通过演绎推理来验证和证明所得到的猜想和结论。

（三）数学抽象素养方面

近年来，人们对数学核心素养的研究大多从总体角度和策略角度出发，而对某一特定的数学核心素养进行了较为详细的研究。比如，史宁中教授在《学科核心素养的培养与教学——以数学学科核心素养的培养为例》中指出："要想培养学生的核心素养，归根结底还是要从'数学抽象''逻辑推理''数学建模'三个层面着手"。

"数学抽象"指从实际出发，从数学的角度来看，章建跃教授在《树立课程意识落实核心素养》中指出："我们都知道在数学教学中，概念教学最为重要，而数学抽象又是最具代表性的一种"。在文章中，他还以函数概念的教学为例，对"数学抽象"素质的实现进行了论述，他认为："函数概念的教学，要以学生所熟知的客观事物的运动变化现象，以及高中时所学的知识为依据，来构造问题的情境，强调让学生亲自体验到解题的抽象思维过程"。方厚良在教学中提出了"以数学核心概念为终端，使学生在数学抽象中获得成功"的思想，并对此进行了阐述。此外，他还提出："要注重概念教学，提高概念教学的层次，最实际的就是要抓住数学核心概念形成的教学，选择学生们所熟悉的典型例子，为他们提供丰富的素材，让他们经历一个完整的数学抽象过程，让他们对数学抽象的'基本套路'了如指掌，让他们在概念形成的学习中学会数学抽象。"王华民在其《对核心素养"数学抽象"的实践与认识》中，从概念课、习题课和复习课三个方面，对其进行了分门别类的讨论，并对其进行了阐述。

1. 抽象与数学抽象

"抽象"一词源于拉丁语词汇"abstracito"，意为"剔除""提取"。目前，对抽象的认识有两种：一种是脱离了人的实际生活经验和认识，所表达的事物的本质是很难被人了解的；另一种看法是，抽象作为一种思维活动，一般是从具体的事物对象中抽取本质属性或特点，不去思考事物对象所具备的其他方面的非本质属性和特点，而只是将事物对象所要求的某一方面性质分开的思维活动和过程。由此可见，抽象是一个概括、分离、提炼的过程。自古以来，任何一个数学家、哲学家都承认，数学是一个抽象性的学科。在字典中，对数学抽象的解释是，"数学抽象是数学哲学的基本概念，是指提取出同类数学对象的共同的、本质的属性或特征，舍弃其他非本质的属性或特征的思维过程"。数量化、符号化、程式化、图像化是数学抽象的主要特点。

数学抽象有两种基本方式：一种是直观真实抽象，即在感性认知中，通过对事物的某种性质的剔除，获得我们所需的某种其他性质；二是将具体问题转化为抽象化的知识定义，既能从中提取出事物的共性特征，又能针对问题做出相应的解决。在抽象的研究中，"抽象化"是徐利治等人所倡导的一种研究方式，也是研究抽象问题的一种主要手段。在数学抽象上，可以从数学的认识目的和抽象的程度等不同的角度进行分类，主要有弱抽象、强抽象和广义抽象，并可以用"数学抽象度"来反映抽象对象所具有的抽象层次性。

2. 数学的特征及数学抽象的作用

数学的特点很多，其中抽象性强、逻辑严谨、应用面广是其三大特点。由于数学学科的特性，加上其研究对象的特性，在数学思维中，数学抽象思维是其中心和基本部分。因此，在数学教学中，怎样才能提高学生的数学抽象素质，就成了一个亟待解决的问题。在数学的学习过程中，要具备一定的思维层次和抽象的能力，能够透过现象，看见问题的实质，进而获得事物对象的本质特征和属性。这对于学生来说，不仅是一个获取知识的过程，更是一个探究和发展的过程，对于他们的各项科目的学习和个人的发展具有十分重要的作用。

史宁中老师在谈到数学的抽象化时曾提出："真知是由感觉与抽象化产生的，而抽象化又不能脱离人的思想而存在。"《普通高中数学课程标准（2017年版2020年修订）》中明确提出："培养学生的数学抽象性，学生可以对数学概念、数学命题、数学的方法和体系有更好的理解，可以通过抽象、概括的方法去认识、理解、掌握事物的数学本质，可以逐步培养出一种对问题进行一般性思考的习惯，可以在其他学科的学习过程中，积极地利用数学抽象的思维方法来解决问题。"

在数学的教学中，通过对学生进行抽象的教育，可使其加深对数学的理解。在数学抽象过程中，老师可以让学生清晰地认识到获取一种知识的基本步骤，这样就可以让他们认识到数学知识的基本特点。其次，运用抽象的方法可以帮助学生更好地了解所学习的知识。经过数学抽象，学生能够对那些复杂的公式和定理有一个较好的理解，从而能够真正地明白它们的意义，并且能够明白它们是怎样得出的。然后，给出了一个抽象化的数学知识定义。

3. 数学抽象素养

在六大核心素质中，"数学抽象"排在首位，因为它对学生数学学习与思维的发展有着重要的作用。史宁中先生指出："数学的本质是一种抽象化的事物，其发展的基础也是抽象化。""数学抽象"就是抛弃了所有的物理性质，获得了被数学所研究的对象。一是学生能够从数字与数字之间的关系中提取出数学概念以及它们之间的联系；二是可以从某一特定的环境中提炼出一种规则、一种结构，并用一种数学语言或一种数学符号加以表达。

数学抽象化是数学活动中最基础、最重要的一种，也是数学最基本的思想过程之一，它不仅在数学的生成过程中发挥了重要的作用，还对数学的发展和应用具有无可取代的价值，这就使数学成了一个高度概括、表达精确、结论一般、有序多级的系统。

在新的历史条件下，在全面推进素质教育的大背景下，为顺应时代发展的需要，也为学生自身的发展而提出了数学核心素养。教育部和相关的研究者们都在积极地对各个学段的数学核心素养的具体内容进行研究，并对核心素养的学科结构体系进行构建，从而推动课程的改革和建设。《普通高中数学课程标准（2017年版2020年修订）》在课程目标、课程内容、教学活动、学生评价等四个层面上，对学生的核心素养进行了详细的阐述。以"数学抽象"为切入点，《普通高中数学课程标准（2017年版2020年修订）》明确提出："培养学生的数学抽象能力，培养学生由具体走向抽象的活动体验。学生可以对数学概念、数学命题、数学方法以及它们的体系有更好的理解，可以通过抽象和概括去认识、理解和把握事物的数学本质。可以逐步培养出对问题进行一般性思考的习惯，可以在其他学科的学习过程中，积极地运用数学抽象的思维方式来解决问题。"

在众多的数学思维中，数学抽象思维过程是最基本也是最重要的，不管是在学生的日常生活中，还是在学习发展中，它都有着无可替代的影响和重要的意义。在日常生活中，数学抽象可以让学生从具体的事物中提取出本质的特征，将不相干的特征剔除出去，从而获得自己想要的信息。在数学学习中，数学概念的形成、数学命题的证明以及数学法则的应用，都离不开数学抽象的思维过程。例如，"数学建模"能力就是通过对实际问题的数学抽象化，通过构建模型来求解问题的。因此，要想在教学中培养学生的数学素养，就要注重对学生进行六大核心素养第一位的数学抽象素养的培养，让学生掌握抽象的规律和方法，这对学生未来的现实生活和数学学科的学习具有非常重大的意义和价值。

第三节 相关基础理论依据

一、培养数学学科核心素养的相关理论

（一）认知学习理论

布鲁纳是其中最具代表性的一位，他提出了一种以"结构化"与"发现化"为核心的认知活动，强调个体的主观能动性与自主性，强调个体对每一种知识的理解。他强调："无论我们讲授什么课程，一定要让学生了解这门课程的基础架构。"通过对该科目的学习，学生的知识所组成的抽象结构能够得到普遍的运用，而数学核心素养的界定是，培养学生适应社会生活的重要能力和所需的基本素质。当数学核心素养出现迁移时，才能被认为是一种素养的真实生成，所以，教师在课堂上要指导学生整体地认知和理解这些内容，促进他们的学习和理解，进而更好地提高学生的核心素养。此外，布鲁纳还认为，在学习中，强化是非常重要的，因此，在学习数学知识的过程中，老师们要培养学生们对知识和方法进行总结的习惯，将每一部分的知识中所运用到的数学思维方法渗透到学生们的生活中，重视对数学思维方法的运用，从而推动学生们的数学核心素养的形成。美国心理学家奥苏贝尔提出了"有意义学习"的概念，并强调"有意义学习"的本质是"以符号为表征的新概念和已有的正确概念之间的实质性的、非人工的连接"。在他的教育实践中，他始终认为，要进行有意义的"受教育性"，首先要对学生进行"主体性"的教育。因此，在时间紧、任务重的高中数学教学背景下，有意义地接受学习，更符合数学教学的正常状态。比如，在学习了函数的定义和基本性质后，再去学习某些特殊的函数，如指数函数、对数函数、三角函数，就能将其与函数的基本性质联系起来，并与学生所掌握的基本函数的性质联系起来，这样就能建立起一个完善的知识结构，这对加深学生对数学知识的理解，推动知识的迁移，更有助于数学

核心素养的形成。

（二）人本主义学习理论

"人本学习"是20世纪60年代出现在美国的一种心理学学派，该学派注重人的潜能的开发，与行为主义者的机械思维相对立，但也不赞同认知主义者对学生情感、态度、人生观的忽略。人本主义对老师与学生之间的关系提出了这样的要求：老师要相信学生的潜能，要真正地接受并理解他们，让他们发表自己的看法，并提供他们的协助，这样，学生才可以进行有意义的学习，才可以提升他们的各种技能。教师要以学生为中心，要思考学生在教学中要实现的目标是什么，学生想学什么，如何培养学生的数学素质，使学生可以成功地学习和发展。人文教育要求培养的是知识渊博、思维深刻、人性美好、个性高尚、心灵自由的人才。教师在教学中要为学生提供各种教学环境，改变学生的学习态度，调动学生的积极性，使学生有意愿、有需求地学习，促进学生个性的发展，潜能的发挥，达到有效的学习目的，培养学生在未来的人生中所需的关键的能力和素养。

（三）建构主义学习理论

建构主义学习理论认为，学习是引导学生从原有经验出发，生长（建构）起新的经验，是有组织的、有目的的、有计划的、有步骤的、有规律的、有方法的、有策略的、有技巧的、有规则的、有原则的、有纪律的、有秩序的、有系统的、有意义的、有价值的、有技术的、有知识的。因此，建构主义理论对于当前的教育改革具有很强的指导性意义。建构主义认为，知识是一个动态的过程，它并不是一个问题的最后答案，它会随着人们的发展而不断修正，而且还会产生新的假设和解释。学习者会在自身的经历背景的基础上，对知识进行理解，并构建出属于自己的知识。所以，每一位同学对于所构建的知识的认识都不一样。教师在对学生进行学科核心素养的培育时，要注重每个人的特点，因材施教，不要对每个人都采取相同的方法，要让每个人都能从自己的知识经历中建构出新的知识。它突出了"主动的""社会关系"和"情境"。在培养学生的数学素养时，应引导学生将已有的知识和新获得的知识进行有意义的组织，从而建立自己的知识体系，并适当运用一些教学策略，引导学生自主地完善自己的认知结构。建构主义的学生观点指出，在新知识的获取和新问题的处理中，学习者往往可以依据相关的经历和自身的认识水平来理解问题。学生是有含义的建构人，而不是被动的接受者和对象。因此，在教学中，在教授传统的知识的同时，还应充分体现出学生的主体性，重视他们的自主性和主动性，让他们主动去发现、分析和解决他们在学习中出现的问题。

（四）四个理解理论

章建跃教授围绕"立德树人"这一核心理念，围绕"四个理解"（理解数学，理解学生，理解技术，理解教学）这一核心价值导向，根据"以实际为依据的理论总结"这一根本原则，就提高教师数学素养、懂教材理解、懂教材设计、懂单元教学等几个关键问题，展开了一系列的探讨。

（五）变式教学理论

变式，是对数学概念、定义、定理、公式以及问题进行不同角度、不同层次、不同情形、不同背景的变化，使其面貌迥异，但本质特征保持不变的方法。

"变"是指不同的东西，"不变"是学习者在学习中必须认识到的一种"变"。马顿和布兹首次提出了这一观点。后来，马顿和崔琦经过多年的发展，对其进一步改进，并将其运用到了更广阔的学习领域。与特定的数学教学相结合，改变间的交互作用是指改变策略和改变与数学学习环境的交互作用，并由此产生对数学结构的认知。

如果一位数学教育学者是立足于变式的，他会自觉地为学习者带来经验上的改变，并通过策略性的设计来达到这一目的。老师可以营造出一个丰富多彩的学习情境，运用多种数学方法，让学生自己识别学习的对象。"学习对象"是一个专用名词，也是一种理论上的改变，它与"学习目标"不同，它不是这个学习阶段的起点，而是这个学习阶段的终点，它通常指的是掌握教学内容的要点，指导学生的学习，即"我们要学什么"。教育的主要特点是要确定教育的组成成分和教育的目标。因此，变式是一种很好的教学手段，它可以帮助我们建构教学，让我们能够以学习的目标来进行学习。

（六）深度学习理论

数学深度学习的实质就是使学生在数学中达到更高层次的思考与核心的能力。"深度学习"一词起源于人工智能领域对多层次神经网络进行的机器学习，最早由弗伦斯·马顿、罗杰·萨尔乔等人在教育界提出，在"互联网+"、人工智能等大背景下，在学习科学的视野下，深度学习作为一种新的教学模式，已成为各国、各大区域教育改革的重要方向。教育部基础教育课程教材发展中心"深度学习总项目组"认为，深度学习的目的是帮助学生掌握一门学科的核心知识和普遍的方法，对学科的本质和思维方式有一个清晰的认识，从而培养出一种积极的内在学习动机，一种对学科的高阶思维，一种更高层次的社会性情感，一种积极的态度，一种正确的价值观。数学深度学习的终极目的就是要培养学生的数学创新精神和创新能力，为他们未来成为研究型、创新型人才奠定坚实的数学基础。

（七）终身学习理论

20世纪60年代以后，"终身教育"的概念被提了出来，它强调对每一个人的每一个时期的教育。生命教育是法国教育家保罗朗格朗首先提出的。在他看来，终身教育的核心就是把人从生到死的整个过程中，把人所受的教育与训练作为人生的中心内容。终身教育是为适应科学知识的迅速增长和人的持续发展的需要，逐渐发展的一种教育思想和教育体系，包括不同年龄阶段、不同方式的教育内容。在学校教育中，"终身教育"更多地关注学生的个性发展，关注学生的思想方法与能力的培养。就教育的过程而言，终身教育的观点是师生双方在学习的过程中相互沟通、相互促进。学生数学学科核心素养的培养是一种持久性的，它对学生成长生命的每个阶段都起着关键的作用，是贯穿其一生的。为此，要树立"终身教育"理念，加强"校—家—社会"的沟通，营造一个安全、和谐的学习环境。在此基础上，通过对学生的教育，培养他们的终身学习意识，培养他们的终身学习习惯。

二、史宁中关于数学核心素养的见解

（一）数学核心素养理论方面

史宁中认为，数学教学的最终目的，就是要使学生具备"数学的眼睛""数学的思想"和"数学的语言"。"数学眼睛"指的是"数学抽象"，"数学思想"指的是"逻辑推理"，"数学语言"指的是"数学模型"。因此，他认为数学抽象，逻辑推理和数学建模在高中数学核心素养的六大要素中及其重要。

（二）数学核心素养实践方面

史宁中在谈到数学核心素养的培养时，提出了"双基""四基"的思想，并对其进行了进一步的传承与发展，使其成为一种互补关系。史宁中提出，要达到"以人为本"的教学目的，必须坚持"以人的思维方式"和"以物代人"的思维方式，即"以人代人"，"以人为主"。二是要进行科学的教学活动的设计与实施。在数学教学的过程中，教师要设计并实施合理的教学活动，激发学生的独立思考，并鼓励学生在师生、生生之间进行交流与互动，让学生对知识技能的掌握，对知识的本质有更深刻的认识，并对数学知识中所蕴含的数学思想有更深刻的领悟，进而培养学生的数学思维，积累实践经验，并在此基础上，潜移默化地培养学生的数学核心素养。

在此基础上，史宁中提出了一套适合于《普通高中数学课程标准（2017年版2020年修订）》的教学方案。首先，教师要转变思维，将有逻辑关系的知识点整合在一起，进行整体性的设计，在注重知识技巧的同时，也要对数学的本质和其中蕴含的数学思维进行深入的思考，从而实现对学生数学核心素养的培养。其次，在课堂教学的设计和实施中，教师要注意情境和问题的设置。情境和问题的设计可以激发学生的思维，恰当的情境设计则有助于学生对数学核心素养的感悟、理解和形成与发展。

三、王尚志关于数学核心素养的认识和理解

王尚志认为，数学核心素养的各个因素都是独立的，但是，在数学教学中，更要重视这些因素的整体性，因为这些因素之间是相互联系的，互相渗透的。数学核心素养是指个人对数学知识的理解、对数学技能方法的掌握、对数学思想的感悟、对数学活动经验的积累，以及"发现与提出问题、分析与解决问题"的过程。

（一）数学核心素养在数学课程体系中的体现

1. 高中数学课程结构应体现选择性

王尚志认为，每个人的发展都不一样，要给每个人一个多元化的发展空间。他主张将学科划分为必修、选修，而将选修学科划分为一、二、三类。第二类选修科目有五种：一是理科数学科目，二是经济、社会及部分科技专业的数学课，三是人文学科的数学课，四是艺术学科的数学课，五是"学校本位"课程，主要有"大学数学"的选修课等。在这些课程中，必修一、选修一是为了满足高考的需要，而选修二是为了引导学生的发展与兴趣。

2. 高中数学内容结构应该体现数学核心素养的发展

王尚志认为，要想在高中数学的教学中反映出数学的核心素养，就必须把握好三条主线：一是函数和函数的应用，代数和几何，统计和概率；二是建立数学模型与探索；三是将数学文化融入高中的数学课程之中。只有紧紧把握住这三条主线，在教学过程中，让学生反复经历抽象、推理、模型和直观的体验，才可以有效地提高和发展学生的数学核心素养。

3. 高中数学课程要突出数学本质

在对高中数学课程内容结构以及主线整体认识的基础上，要将数学本质凸显出来，对于支撑高中数学课程结构主线的关键问题以及重要概念、公理、模型、思想方法与应用等，要进行深入的思考和研讨，进而层层递进地提高学生的数学核心素养。

（二）在数学教学中对学生数学核心素养的培养

1. 教师在数学教学中要整体把握数学课程

在数学教学过程中，要对学生的数学核心素养进行培养，要对数学课程进行全面的掌握，这是因为高中数学课程本身就是一个有机的整体，所以教师要对高中数学课程的性质和理念有一个全面的认识和了解，同时也要对高中数学课程目标有一个全面的把握，对高中数学核心素养有一个全面的了解。因此，教师必须对高中数学的教学内容进行全面的设计和执行。

2. 教师在数学教学中要以"主题（单元）"为教学对象

教师要对数学教学的课程内容有一个总体的了解，可以将一章当作一个单元，也可以将数学课程中的一些重要话题当作一个单元，还可以将一些具有通性通法的数学知识当作一个单元。这不仅是对数学知识的一种深入学习，也是凸显数学核心素养的一种方式。要想培养高中学生的数学核心素养，教师要把握三个关注点：首先，发展学生发现问题、提出问题、解决问题的能力，这是被关注的教学重点；第二，要注意在课堂教学中适当地创设课堂情境，这也是课堂教学中应注意的问题；第三，要立足于学生的实际，要因材施教，使学生"会学"知识比"学会"知识更重要。

3. 学生对于高中数学核心素养的学习

培养高中数学核心素养，第一，需要学生有宽广的眼界。在学习高中数学核心素养的过程中，学生需要对数学有一个总体的理解，其中包含数学的历史、发展以及数学对社会发展所产生的影响。其次，在课堂教学中，教师应以"自主性"为指导，使学生"会学"。学数学，确实需要做更多的题目，但"题海战术"却是被人诟病的。数学核心素养的培育，就是要把"做题"转化为"做数学"，通过"问题—猜想—条件—方法"的顺序循序渐进，逐步提高。最后，还要求学生可以积极主动地参与到数学建模和数学探究活动中去。此外，学生还应该学会沟通，师生之间、生生之间的沟通在培养数学核心素养方面也是非常重要的。

第二章

基于核心素养的
高中数学教学模式

第一节 导学案设计模式

一、基于核心素养的导学案设计理论根据

基于核心素养的导学案设计，是实施导学案的出发点，直接关系到教学模式的有效性。为此，教师要在授课前做好充分的准备，主要有做好学情分析、合理设置教学目标、规划好上课流程等。

（一）什么是基于数学学科核心素养导学案

1. 基于核心素养的导学案含义

基于核心素养的导学案，是指教师根据课程标准、教材及学情（如心理特征、知识基础等），为指导学生进行自主学习，提高其数学素养而编写的一种学习方案。它可以帮助学生更好地了解教材中的知识内容，在教师的"教"与学生的"学"之间架起一座桥梁，同时也是提高学生自主学习能力和建构知识能力的一种有效的手段。

2. 基于学科核心素养的导学案与普通导学案的异同

普通导学案与以学科核心素养为中心的导学案在形式上是相似的，但在内容上是不同的。从它产生的背景上，我们可以发现，普通导学案属于新课程改革所倡导的学生主体教学方式下的产物；而以学科核心素养为基础的导学案，与新课程改革的趋势一致，重视对学生的自主与合作学习能力的培养，旨在强化对学生数学核心素养的培养。从服务内容上来说，同样是针对学生，只不过两者的侧重点不同。以核心素养为基础的导学案，是为了对学生的学习进行指导，并对学生的能力进行培养。它将注意力集中在学生应该怎样去学，怎样去促进学生的有效学习，它不仅具有明确的目标，而且还具有很强的灵活性，它帮助学生将课堂上所学到的知识，转化为自己的能力，也就是核心素养。普通导学案虽提出了让学生成为学习的主体，但它的作用更多的是为教师的教学服

务，关注的是学生对教师"教"的知识的掌握和理解，而不是真正地将"学"到的知识转化为自己的能力，从而使学生更倾向于探索出一种机械式的解题方式和作答方式。在功能上，以核心素养为基础的导学案，就像是一张"行军图"，而一般的导学案，是一份指导老师的"蓝本"。

以学科核心素养为基础的导学案和一般导学案一样，都是由教师在研读资料的基础上编写出来的。但是，以核心素养为基础的导学案，帮助学生将课堂中学习到的知识内化为自己的能力，并将知识向能力的转变作为重点；而普通导学案是教师为了讲授一门学科的新知识点而编制的。两者虽然有着同样的渊源，但是其关注的目标却有着很大的不同，具体体现在以下五个方面。

第一，一些普通导学案着重强调了教什么、如何教，在课堂上，一般都是以教师为主导，教师进行讲解，而学生的参与度极低，所以，导学案起到的效果，其实和教案也没有什么区别；而基于核心素养的导学案，则侧重于对学生当下要学习的内容和方法的强调，这样，在教学中，学生既懂得老师讲的是什么，也懂得自己学的是什么。

第二，以学科核心素养为中心的导学案，是教师通过对教材的研究，对学生目前的认识程度、认识能力进行了全面的分析，同时尊重每个人的个性，设身处地地为他们设计的一份教学方案。以核心素养为基础的导学案，将学生引导到教师的指导下，经过自我教育，再将自己的问题带入课堂。而在编写普通的导学案时，更多的是将重点放在了教师所传授的知识的内容以及解决问题的方法上，而忽略了教师对学生的学习方法的指导，完全没有设身处地为学生着想。反观以核心素养为基础的导学案，更多地将注意力放在了对学生学习方法的使用和指导上，这对学生融入课堂有好处，可以提升他们的学习效率，还可以激发学生学习数学的内在动力。

第三，基于核心素质的教学大纲可以帮助教师清楚地了解到学生的学习能力和知识水平，也就是说，了解他们的学习情况。通过导学案进行课前调查，有利于反映学生的学习能力，有利于教师对学情有更多的了解，从而有利于在课堂上突破教学的重难点，弥补学生的弱项。普通导学案都是教师自己对学情进行了独立的分析，然后预设了学习的方法和内容，并以其自身为主体编写的，因此很难对学生真实的学习过程进行控制。

第四，在学科核心素养基础上编写的导学案，可以引导学生根据导学案的内容来进行学习，从而让学生明白编写导学案的目的以及需要学习的要点，从而极大地提升教学的效率，也极大地提升学习的效率。然而，普通导学案的预设是由教师自己的认知构成的，学生很难对教师的教学设计思路有一个清晰的认识，因此很容易导致在课堂上，学生都不知道教师在讲台上讲的是什么内容，更不要说开展有效的学习活动了。

第五，在普通导学案中，教师在课堂上会按照预先设定的问题，对全班进行提问，但是，能够解答这些问题的人并不多，这就导致学生的参与度非常低下，久而久之，他们就不爱自己去思考了。但是，基于核心素养的导学案，教师在设计好问题后，会将问题发给每个学生，留给学生足够的时间和空间去思考，从而更好地起到引导的作用。如前所述，基于核心素养的导学案是一般导学案的深入发展和创新，教师根据学生的学情，对学生在课堂上要学的东西进行分层预设，发展其发散性思维，发展其个性，有效地培养其独立思考的习惯，和发现新问题并解决新问题的创新能力。

（二）最近发展区理论

维果茨基把一个学习者能够独立地完成其所要做的事情与在他人帮助下解决问题的水平之间的差距被称作"最近发展区"。在现实与潜力两个层面上，教师应该关注学生的潜力发展。这一理论启迪了教师在进行学情研究时，应根据学生的具体状况，将潜力发展作为教学的立足点，使其达到"最近发展区"。当教师在设计特定的课程时，若能提供恰当的参照物，将会使课堂更有效率。

（三）先行组织者策略

教师在讲授前，应当先向学生提供一份能让他们明白的通用教材。这份教材叫作"先行组织者"，其作用是帮助学习者在新的知识和已有的知识之间建立起一座桥梁，方便学习新知识。这一理论对老师们的启示是，在进行教学的时候，要对学生所拥有的知识和经验进行充分的考量，在为学生们准备好预习的知识材料之后，再对新的内容进行深入的讲解，发挥出承上启下的效果。

（四）学习动机理论

学习动机理论指教师可以通过设计适当的教学情境，引起学生向课程内容学习的动力趋势，让学习过程充满乐趣，让学生充满求知欲。激发学生内部动机，对课堂的有效教学有很大的帮助。在教学导学案的设计中，要能引起学生的学习兴趣，问题情境就要新颖、有趣，最好能引起他们的认知冲突，进而产生认知内驱力。

二、基于核心素养的导学案设计工作

因此，在新课程改革背景下，基于核心素养的导学案成了新课程改革的重要内容。教师以学情调查为基础，对学生的认知水平进行全面的了解，并按照课程标准的要求，将课本中的知识内容设计成合适的教学情境，充分发挥学生的主体地位，让以核心素养为基础的导学案更好地服务于学生课堂上的学习，让学生可以将所学的知识转化为自己的认知和技能。

（一）查阅有关导学案和数学学科核心素养的资料

首先，在实施以核心素养为基础的导学案的前提下，教师需要理解导学案与核心素养的含义。接下来，要对如何编写导学案进行明确，比如，在编制导学案时要怎样对教学流程进行合理的预设，在教学中要怎样培养学生的数学核心素养。因此，在核心素养的基础上进行导学案的准备工作，就要求教师对与之相关的导学案以及数学学科核心素养相关的资料进行阅读，并做好对基本知识的准备工作。

（二）了解学情

在进行教学之前，教师要对学生的知识水平、自学能力、对所学科目的学习兴趣等进行充分的了解。首先，通过学情分析，教师对学生的学习情况有了一个大概的了解，然后在此基础上，设计出一套以核心素养导学案为基础的有针对性的教学内容。其次，教师要仔细地分析教材的内容，包括知识的关联性和先后次序等，采用螺旋的方式，设置多层次的教学情境问题，充分地照顾到学生的个性，实现因材施教。

（三）梳理知识系统

在上课前，学生根据核心素养的导学案进行了自学，教师通过阅读导学案，对学生出现的问题有了一个基本的认识。所以，在课堂上，教师可以针对教学中的重难点和难理解的内容进行重点讲解，这有助于学生厘清数学知识，提升他们的学习能力。高中数学课本具有较强的逻辑性和较高的抽象性，是一种很好的学习素材。因此，在设计以"核心素养"为基础的导学案时，教师们要灵活地使用课本上的知识，厘清各知识点间的联系，并在需要的时候，根据学生的学习状况，对教学内容进行适当的调整，使之与学生的学习状况相匹配。

（四）找准教学切入点

情境的设置是基于核心素养的教学设计理念和教学方法，也是教学设计中的一个重要环节。有意义的教学情境问题有助于激发学生头脑中的知识经验，使学生能够进行自我构建，并赋予新知识以一定的含义，并利用原有的知识经验来同化新知识。基于核心素养的导学案，在进行情境问题的设计时，要注意找到教材内容与实际生活中的联系，找准教学切入点，让教学一环接着一环，让学生对新知识有强烈的兴趣，并形成内在的持久的学习动力。只有在形成了持久的学习内在驱动力之后，学生才会领会到数学学习过程中"山重水复疑无路，柳暗花明又一村"的乐趣所在。

在编写导学案的时候，教师要找到正确的命题，对教学的切入点进行判断，并利用学习动机理论，进行适当的提问，引导并帮助学生对命题的判断有更深层次的了解，使其能够顺利地过渡到最近发展区，进而提升自我学习能力。

三、基于核心素养的导学案设计原则、构成要素和模式

（一）设计原则

1. 主体性原则

主体性原则是在设计以核心素养为基础的导学案时，要凸显学生的主动性，确定学生在学习中的主体地位，并从学生的视角来设计。在设计和运用过程中，它一直都是以学生为中心，为他们提供服务的，这就需要教师把课堂交给他们，让他们充分认识到自己才是学习的主人。

2. 指导性原则

在新课中，通过对新课的理解，可以使学生在新课文中更好地规划和组织学习。要充分发挥核心素养导学案的功能，就必须将明确的学习目标、具体的学法指导、本课的重点难点等教学内容融入导学案中。

然而，强调学生主体性，并非完全放任学生自主学习，更离不开教师的引导。教师是学生学习的主体，比如，在讲解新知识时，教师要给学生一个合适的情境问题，给他们一个解决问题的思路和方法，让学生联系生活中的经验，分析并解决问题等。

3. 分层性原则

在此基础上，以"最近发展区"为指导，采用"情境问题设计"与"分层教学"相结合的方法。情境问题关注每个学生的具体需要，让每个学生都能获得最大限度的发展与提升，实现了个体化教学的目标；在以核心素养为基础的导学案设计中，要保持适当的难度，针对不同水平的学生，采取分层设计的方式，让每一位学生都可以获得最大化的提升，也让教师可以兼顾到所有学生的发展。

4. 问题情境化原则

教师创设的情境问题要有驱动力，要有一定的难度，这样才能让学生容易接受，才能更好地激发学生的学习兴趣，使他们在经过自己的努力之后，能够解决教师所提出的问题。避免让学生生搬硬套，死记硬背教科书上的知识概念。因此，教师的提问要把问题设置在关键的地方，让学生在解决问题之后，自己的能力和思维都可以得到提升。

（二）构成要素

以核心素养为基础的导学案，一共有六个部分，也就是核心内容具体包括学习目标、测验预习、新课探索、课堂检验、能力升华和当堂小结。当然，教师也可以在此基础上做出相应的调整。

1. 学习目标

"学习目标"是按照新课改的要求，以知识结构为基础，通过对学生知识的掌握与领悟，由知识技能、过程与方法、情感态度与价值观等三个方面制定出来的。学习目标要表述清楚，观点明确，并且可测，能够检验学生的学习成果。比如，学习"平面矢量法的基本原理"这一课时，可以将其教学目标设定在如下三个层面上。

知识技能：了解平面矢量的一些基本原理和意义；能够运用基本的平面矢量法来解决实际问题，并发展其抽象化和归纳的技巧。

过程与方法：通过"做"的方式，结合几何画板软件，让学生体验数学知识的构建；理解平面矢量法的基本原理，体会由特异到普遍性的数学思考方式。

情感、态度、价值观：要树立数学与实际生活紧密联系的理念，养成一种求知欲。

2. 测验预习

"测验预习"的目的是检测学生对所学知识的预习情况，以帮助他们掌握新知识。在备课的时候，教师要在以数学核心素养为基础的导学案中，将本课突出的重难点清楚地呈现给学生，并对重点难点进行明确的标注和说明。

3. 新课探索

"新课探索"是教学的中心环节，教师在制定以高中数学核心素养为基础的导学案中的合作探究环节时，要做好精心的布置，并辅以必要的引导，让学生们主动地参与到对新课的探索中来。在探究的过程中，学生能体会到成功的快乐，体会到学习的快乐。

4. 课堂检验

所谓"课堂检验"，就是对教师在课堂上所讲的知识、内容进行巩固。检验的知识点需要精挑细选，千万不要占据整个课堂。在检验的过程中，教师要帮助学生对知识点进行归纳和总结，从而突破本堂课的教学重难点，要注意在面向全体学生的同时，也要对学生之间的差异给予重视。

5. 能力升华

"能力升华"课是根据学生的具体情况来提高他们的能力，它包含了两个方面：一是独立研究，二是协作研究。学生可以利用自我归纳和总结的方式，对知识的形成过程进行理解，并将所学的知识转化为自己的能力，从而提升自己的综合素质。而在小组中进行合作探索，能够对学生的团队协作能力进行有效的培养，并提高他们的学习效率，有效地达到共同进步的学习目标。

6. 当堂小结

"当堂小结"是针对教师的，教师对一节课所学内容进行总结，可以帮助学生有条理地把握知识体系，提升自己的教学能力，达到"教与学"的效果。

（三）导学案的一般模式

当前，较为流行的导学案模式主要有框架式、格子式和综合式三种，每一种都有自己独有的特征，教师可以按照自己的设计需要来选择不同的格式，其结构是这样的。

1. 框架式导学案

框架式导学案的特征是将学生的学案与教师的导案结合在一起，两边分别设置了教师和学生的笔记栏，这对学生进行补充、归纳、总结知识有很大帮助，也便于教师对课堂中出现的问题进行记录，对下一节课的改进也有帮助。

2. 格子式导学案

格子型导学案的主要特征是每一节导学案的内容都很清楚，但这也很容易导致各方面的知识零散，衔接不畅。

3. 综合式导学案

综合型是将各类课型中的重要组成部分进行整合而形成的，其表现形式较为灵活，在教学中可根据具体情况进行增减。它最能检验教师编写以核心素养为基础的导学案的功底，适用于高年级、成绩较好的班级。

第二节　问题链教学模式

数学是一门需要很高的思考能力的课程，又是一门很有代表性的科学，因此，老师们更应该重视学生的知识结构体系的建立。合理展开问题链的教学设计，指教师以学生目前的知识水平为基础，对教学知识展开一定深度的教学引导，使学生由浅到深、由易到难地学习。

一、问题链教学的基本概念

（一）问题

许多学者早就对"问题"这个概念下了定义。鲍尔和皮格弗德将"问题"界定为：一个人或一个团队，在面对一个艰巨而富有挑战的任务时，不具备立刻解决问题的能力。梅尔认为，"问题"有三个显著的特点：第一，情况是已知的；第二，要有一个清晰的目标；第三，在当前的情况下，有一些阻碍，很难达到这个目标。从各位学者的描述中，我们可以大致理解这个"问题"。

（二）问题链

"问题链"是以"问题"为前提，根据所教课程的实际需求而进行的一种扩展。教师在课堂教学中，要达到一定的教学目标，就必须在学生已有的知识的基础上，对学生进行循序渐进的指导，针对他们在学习的过程中可能会发生的或将要发生的问题，将教材中的知识转化为由浅入深的、层次分明的、系统的问题，从而形成一套可以相互联系的有重点、有层次，又各自清晰的问题。"问题链"从形式上看，就是一条又一条的问题，从内容上来说，就是每一条问题都是环环相扣的，从目的上说，就是逐渐深入理解问题的层次性。

二、问题链设计的原则

（一）最近发展区

在教学设计中，教师要以学生的学习为基础，对问题链进行合理的设计，该设计区域被称为"最近发展区"。在学习的过程中，学生的发展层次可以粗略地划分为以下两个层次：一是在当前状态下发展的认知层次，二是在学习中将要发展的认知层次。这两个发展层次之间的差异，可称为"近期发展区"。在进行问题链的设计时，要与所授班级的学生的认知发展水平相结合。在问题链逐渐深化、层级引出时，既不能让学生停留在低层次，也不能让学生觉得困难而丧失了学习的动力，最佳问题链是让学生在已有知识结构上开动脑筋，拓宽思路，才能获得问题的答案。

（二）激发学习兴趣

在学习数学时，不单单只是学习课本上的知识，还需要与具体的、与数学有关的生活情境相结合，才能充分调动学生学习的积极性。在数学的学习中，兴趣是最好的教师，在问题链的设计中，要把握这一点，使学生在一层又一层的提问中，保持对问题的兴趣，并能够跟上课堂的节奏，赶上教师的思路，顺利完成教学。这就需要教师在创建问题链的过程中，多添加一些生活中的场景，这样才能更接近学生的兴趣，让学生在思考和讨论问题的过程中，产生更强的学习动力。

（三）循序渐进深入

数学是一门很典型的科学，对于思考能力的要求也很高。在数学学习中，学生需要从浅到深，层层深入，循序渐进，不管是在知识层次上，还是在思维架构上，都要求教师在教学过程中，引导学生逐步地学习数学知识。在问题链的设计过程中，教师要引导学生一个问题接着一个问题解决，更要按照学生已经有的知识水平，逐渐地引导，从简单到难，从无到有，来帮助学生构建知识体系。

三、高中数学"问题链"教学价值

（一）符合新课程标准要求

"问题链"教学法是新课改提倡的一种新型的课堂教学方法，它在课堂上被称为"问题链式"。新课程标准对学生的学习进行了新定义，要求学生在数学学习中不能只局限于接受、记忆、模仿与练习，而是要积极地进行分析与探索，通过动手实践与合作交流的方式进行自己的学习。除此之外，新课程标准中还明确提出，教师的教学应该激发学生的学习积极性，使学生在教师的指导下培养独立思考的习惯，从而完成知识的再创造，使他们可以利用数学知识去发现、探索、研究和解决问题。由此可以看出，"问题链"是新课程标准中最重要的一环。

（二）高效课堂的有效保障

课堂教学自身就是一个师生交互的过程，并且在交互中，教师和学生之间可以实现对所学知识的再建构，这是高效课堂的有效保障。在进行高中数学课堂互动教学的时候，在已经确立了三维目标之后，如果教学目标与课堂实际、学生学情之间存在着不匹配的地方，那么，教师必须以教学实际为依据，适时地对教学目标进行调整，从而让课堂教学最大程度地面向全体学生。同时，教师还可以利用"问题链"的方式，调动学生的学习热情，拓宽他们的思路，使他们能够以问题为动力，进行互动和协作，从而使所有的学生都能共享他们的学习结果。在高中数学课堂上实施"问题链"教学，是提高中学数学课堂效率的重要保证。

（三）实现知识向能力转化

在学生进行数学知识学习的过程，其实就是一个对数学知识的积极认识和构建的过程，在现有的知识和学习经历的基础上，通过对数学问题的观察、验证和推理，最终实现了数学的建构。所以，教师在组织学生开展互动学习的时候，要用合适的问题来引导学生积极地展开思维，并将互动作为一种教学手段，来推动学生对问题的理解，从而让知识的建构变得更有意义。将"问题链"教学方法运用于高中数学课堂，既能促进学生的问题分析与解题，又能使他们化知为能，更能促进他们的思考与独立探究的发展。

四、高中数学"问题链"课堂教学实践策略

（一）问题情境的创设

在"问题链"的具体教学过程中，教师要灵活地利用问题本身所具有的导向作用，将问题与学生的现实生活联系起来，创设问题情境，从而充分调动学

生对数学知识的学习兴趣，并指导他们在问题情境中进行思考、探索，从而达到有效的学习效果。比如，在"任意角"这节内容上，教师可以让学生从他们的生活中举出一些大、小角的例子，再以这个问题为出发点，让学生去探索有关角的知识，并尝试找出它们之间的关系。教师还可以指导学生结合实际，对不同角度、方向多样、位置各异的角进行描述，并据此对直角坐标进行渗透，以实践性、生活化的问题情境创设，激发学生对数学问题进行探究的兴趣，从而使师生、生生之间实现高效的交流与互动，并产生良好的学习体验。

（二）问题要求的明确

要使"问题链"的应用更加具有针对性，更加高效，教师在提问和与同学交流的过程中，必须把问题的要求统一明确，这样才能使学生能够更好地应用所学到的东西进行深入的思考和探索。比如说，在讲解函数及其表示的时候，教师可以引领学生对已经学习过的函数知识进行复习，并与生活中的真实案例相结合，对生活中的函数进行解释，并画出对应的图像，通过引导学生对图像的认知观察，来实现对函数性质的探究。例如，在讲授"函数的概念"时，教师就可以将南极大气层中的臭氧层孔隙的分布图展示出来，吸引学生们的注意力，激发他们积极的观察力与思考力。大部分学生能够准确地判断出下陷区域的增大或减小。此时，教师可以将学生的思路逐渐拓展到课外，让学生举出他们的生活中随着时间变化而变化的数据，例如蔬菜价格、降雨量等，此外，教师还可以引导学生画出与其相关的图形，让他们在绘画中，找到函数的变化规律，也就是，在自变量改变的时候，函数就会相应地变大或变小。在这一点上，教师用问题的方式，让学生去反思所学的知识，然后和他们一起讨论关于函数的问题。

如 $y=-x+2$ 的映像，让学生归纳出映像的特征，这样学生就能完全理解当自变量改变时，函数值是随着时间的增加还是减少。通过使用生活中的实例来进行问题的设计，不仅能够培养学生的数学思维，还能够深化他们对函数知识的学习和理解，在提升他们的探索能力的同时，还能够培养他们的数学学科的核心素养。

（三）问题主线的设置

在高中数学的具体教学过程中，利用"问题链"促进师生和生生之间互动，在学生积极地思考和回答教师的问题的过程中，让他们更好地参与课堂教学，从而增强他们的数学能力，提升他们自己的核心素养。比如，在"三角函数"这节内容上，教师要引导学生解释关于任意角的相关知识，并对三角函数进行深层次的探索。通过这种方式，学生就可以巩固和温习关于直角坐标系和任意角的相关知识。与此同时，教师可以根据学生的具体情况和他们的学习能力，将他们分为若干个小组，利用直角坐标系，对三角函数的学习进行重新定义。在设计了问题主线后，教师带领学生以小组探究的形式进行讨论、思考、学习，并注意到他们在探究中的表现，给予他们适当的指导。例如，可以通过小组探究的方式，建立出对应的直角坐标系，让学生观察任意点在终边移动的全过程，看看其他边的比值会如何变化，组员可以进行交流，并将讨论结果进行汇总，展示在课堂上。教师可以设定问题主线，依据问题主线，提出问题，并引导学生合作进行讨论和证实，从而增强教学的互动性，激发学生的数学思维，培养出相关的数学素养。

在具体的数学课堂教学中，教师应注重对学生的核心素质的培育，针对当前高中数学交互的实际情况，探讨增强学生的参与性的方法，提高他们的数学知识构建的兴趣，提高他们的学习能力，强调新课程改革的理念，运用"问题链"的方法，通过提问的方式和交互的方式，提高他们的交流、质疑和动手操作的水平，使他们的核心素质得到提高。

第三节 概念课教学模式

一、高中数学概念教学的概念与意义

从高中数学的结构上来说，其本身就是一个由概念和命题构成的逻辑系统，而它们之间的联系则是以逻辑推理为基础的。其中，最根本的是数学概念，能够准确地反映出客观事物的性质，即能够体现客观事实与客观事实之间的定量关系。因此，对高中生来说，数学概念的掌握是非常关键的一个环节。从目前的概念教育情况来看，很多高中教师都采取了"一个定义，几项注意"的做法，在让学生对概念有了一些认知之后，就将教育的重心转移到了理解题目的方法和解题思路上。这就导致很多学生对数学的概念只是一知半解，这严重地阻碍了他们的学习进程，使得他们在解题的时候遇到很多困难，久而久之，他们就会出现一种抗拒的情绪，进而对他们之后的学习产生不利的影响。

二、当前高中数学概念课教学中存在的问题

（一）实践探究意识不足

尽管现在越来越多的高中数学教师开始重视对学生实践探究能力的培养，但是由于受到传统教育体制的限制，在设计和安排实践探究教学时，都比较形式主义，能够取得理想的实践效果的活动很少。目前，我国高中数学教学中开展的自主学习、探究合作等教学活动普遍存在目标模糊、条理性不足等问题，严重制约了教学效果的提高。笔者通过对本校数学实践课堂的调查，了解到，在实践教学的号召下，大部分的数学教师都会把学生分成几个小组进行合作探究，这看起来很符合实践教学的要求，不过，这种教学活动大多是在公开课上进行的，多少有些走个过场的嫌疑。一般来说，在这种公开观摩课上，师生们

都已经"排练"了很多次实践探索和小组协作的内容，所以课堂上的秩序还是比较好的。但在实际的教学过程中，往往很难做到，甚至还会出现课堂秩序问题。

（二）学生主体地位缺失

随着新课程改革和素质教育的不断深入，中学的数学思维、探究意识的培养日益受到重视，这也是教育的一种发展。然而，在具体的教学实践中，很多教师不知如何去做，他们对学生的主体地位，对新型师生关系存在着误解，导致教师与学生的角色转换，教师的作用与指导职责被进一步削弱，把所有的研究与探索都交给了学生，导致了对学生的放任。在这种教学方式下，学生没有很好的自我控制力，没有很好的了解所学的东西，教师过分的"放纵"只会使课堂效率下降，很难实现学习的目标。

（三）数学概念教学不足

在应试教育制度下，高中的教学和高考成绩是密不可分的，所以，许多高中的数学教师，更多地把注意力放在了数学公式和解题思路上，而忽视了对数学概念的教学，在传统的数学课堂上，也没有对数学概念进行过相关的教育。很多高中教师在介绍数学概念时，都是按照课本的内容来重复，并辅以一些简单的文字解释，接着很快就会进入公式的运用，还有解题技巧的讲解。由于对概念的教学的课时不多，教学方法相对简单，导致学生对数学概念的认识不够，无法把握其含义，也就难以实现对数学知识的内化和运用。还有的学生对有关数学概念的理解较为偏颇，很多时候他们只是单纯地模仿，并没有真正地理解所学的内容。

（四）学习技巧与数学思想缺失

高中学生个人的认知能力以及学习能力都各有不同，再加上高中数学的学习具有相当大的困难，假如没有教师的有效指导，学生很难靠自己掌握一种行之有效的学习方式和技巧，这种情况下，就会使他们的数学学习变得更加困难，久而久之，便会对他们的自信心产生影响，从而导致他们不能开展有效的学习活动。在高中数学的教学过程中，如果学生没有掌握好的学习技能，没有建立起数学思维，就很难完成对概念的灵活运用，导致很多学生在面对各种形式的数学题目时，往往难以抓住这些题目中的概念和知识要点，从而造成了他们的数学成绩无法提高。一份良好的教学规划能够帮助学生掌握自己的学习进度，从而达到更好的学习效果。然而目前，很多学生在步入高中之后，对数学学习的规律没有掌握，对学习技巧、方法的认识不够，经常会产生学习技巧不足、学习计划不合理等问题，这自然会影响到他们开展学习活动，打击他们学习的信心。

（五）学生自主学习意识不足

受应试教育的制约，很多教师认为自己是课堂的"主人"，忽视了学生的主观能动性，因而在课堂上往往采取自主学习的方法，将自己置于完全的"主动性"地位，使学生处于完全的消极状态。很多高中学生觉得上课时只需要听讲就好，并没有形成学习和思考的习惯，更多的学生对教师的解释发生了依赖性，不能进行独立的学习和深刻的思考。比如，当教师提出问题的时候，班级里只有极少的几个人会举手作答，而没有举手的学生中有很大一部分并不是由于问题很难得不到答案，他们只是不愿意去想，没有自己的思考，也没有自己的学习意识，认为有教师在旁边解释就可以了，这样的习惯也会阻碍他们的思维发展。另外，一些学生的倾听能力和合作精神都比较弱，他们在课堂上不愿意参与探究，在面对不同意见时，他们不能正确地对待，也不知如何表达自己的观点，这也会对他们的学习和发展造成不良的影响。

三、核心素养下高中数学概念课教学要点

（一）注重能力与品格培养

在开展概念课的过程中，高中数学教师要始终以学生为中心，将教学目的落实到对学生综合能力的提高和对优秀品格的培养上，从而让学生的核心素养得到提升，让他们对数学概念有更深刻的了解和认识，为他们今后的学习打下扎实的基础。教师要不断地更新自己的教学理念，及时调整自己的教学理念，重视对学生的学习思路和学习习惯的养成，以概念教学为前提，强化学生的内化和运用的能力，创造一种自主探索的氛围，让学生提问，促进他们的全面发展。

（二）把握核心素养要素

通过上面的探讨，我们可以发现，数学核心素养的内涵包含了实践能力、道德品质、思维能力、学习习惯等多个方面。因此，教师要把握好这些核心素养的因素，明确概念课的教学改革目标，实施个体化的教育，不断发掘学生的

潜能，调动他们的各种智力，从而促进学生的全面发展。教师应注重核心素养的培养，将概念教学与实际的数学问题相结合，以提升学生对数学知识的应用水平与能力。

（三）强化学生数学思想

高中数学是一门比较难的学科，它表现出了逻辑性、抽象性等基本特点，许多学生在学习过程中遇到了很大的困难，一些学生甚至产生了畏难、排斥等不好的心态，这严重地影响了学生的学习兴趣和学习效率。针对这一问题，教师应该在教学中引入一些行之有效的学习方式，使学生能够更好地理解数学思想，建立起自己的知识结构，从而更好地进行数学学习。"数形结合"能够将原本深奥的数学原理和概念转化为直观的形式，使学生能够通过对图形、线条等形象的观察和研究，了解和解答某些较难的数学问题，并帮助学生进一步明确数学知识的内容与构造，加深对其的记忆与领悟，从而提高思维能力，也提高教师的授课质量。分类讨论的想法能够激励学生从不同的视角来考虑问题，开阔他们的思路，拓宽他们的眼界，帮助他们发展逻辑和创造力。而这种思想的引入，则能使学生将已经存在的难题转化为较易的题目，提高其应用能力。

四、核心素养下高中数学概念课教学策略

（一）强化知识引入，重视概念教学

教师在进行概念教学，指导学生进行探究思考时，应遵循趣味性的原则，更好地激发学生对数学问题的兴趣，从而产生研究的欲望。笔者从长期的教学实践中认识到，只有选择那些与教材内容密切相关，又与实际生活密切相关的主题，才能更好地激发学生的探究兴趣和积极思考。因此，在设计探究教学内容时，教师应紧紧围绕教材的概念内容，提出趣味性与探索性的问题，激发学生的学习兴趣，从而获得更好的研究结果。

例如，在"等比数列"中，教师可通过设置"棋盘上的小麦"这一情境，来帮助学生理解和掌握数学知识。教师可以给班级里的学生拿出几张日常生活中常用的围棋棋盘，并让他们去数一数棋盘上的方格的数量，请学生想象一下，在第一个方格中放一粒麦子，每往前移动一个方格，放入的麦子就要是前一格的两倍，最后要填满棋盘，要用多少粒的麦子？在独立探索阶段，学生可

以尝试往方格里放入对应数目的小麦，并把每个格里所加入的小麦数目记录下来，以做观测之用。这时，就会有一些学生能够找到其中的规律，并且他们也意识到，小麦的数目相加，所得出的数字是十分庞大的，用常规的计算方式，很难在很短的时间内得出答案。在此基础上，教师引入了"等数列"的观念，并提出了"等数列"的运算公式。这样的提问情境能够激发学生对问题的探索心理，保持他们的学习热情，进而加深他们对数学知识的认识，并据此掌握等比数列求和公式的正确使用方法。

（二）加强教学互动，加深概念理解

在高中数学中，许多知识概念都是抽象的，在学习和理解它们的时候，学生会遇到很大的困难。因此，这就要求高中数学教师进行有效的指导。在数学概念的教学过程中，教师是一个非常重要的角色，也是一个非常重要的引导者。教师应该加强跟学生的沟通和互动，让学生摆脱对数学课程的恐惧；同时，把数学知识的学习技巧和方法传授给同学们，让学生能够更好地思考和学习，从而创造出更好的数学课堂。除此之外，教师还应该改变传统的教学观念，将现代教育技术运用到日常生活中，对学生进行恰当的引导，加强与学生的互动与交流，提高学生的自主学习能力，从而达到共同提高的目的。

例如，教师在讲授"统计"的概念时，可以依据这个概念，为学生创造一个抓取不同颜色的球体的游戏环境，让他们亲身感受到球体的抓取过程，然后再用纪录的方法来探索不同颜色的球体被抓到的概率。通过多次实验探索，既介绍了与概率有关的概念，又介绍了其应用方法。然后通过信息技术与多媒体设备将微课视频中数以万计的实验过程与结果进行展示，加深学生对概率的认知，理解概率的知识内涵。

（三）联系新旧知识，提高教学水平

在数学的基础理论中，除了具有"工具性"外，还具有"积淀性"。尤其是在高中数学的教育过程中，由于新旧知识之间存在着紧密的关系，因此，教师可以从旧知识开始着手，强化新旧知识的衔接，从而拓展学生学习的思维，用对旧知识的指导来强化他们对新概念的理解。在核心素养和新课程改革的教育环境下，高中数学教师应当更加重视概念教学，在教学设计过程中，将新旧知识概念有机地结合起来，强化学生对基本概念的认识。

比如，教师在讲授线性规划的有关内容时，可以运用已有的知识，以减

少新知识学习和理解的难度。比如，教师可以从二元一次不等式的有关知识入手，来强化新旧之间的联系。在课程引入阶段，教师可以引导学生对二元一次不等式的相关知识展开回顾，再对线性规划知识概念展开初步讲解，从而深化学生对新旧知识的理解和结合。尤其是在面对课堂上的重难点时，教师应该与旧知识相结合，对新知识进行巩固，强化学生对概念的理解，从而达到对概念的深层次教学的目的。这样的一种学习方法，不仅能够降低新知识、新概念的学习难度，而且还能够促进学生对已有知识的回顾，提高他们的归纳和应用能力。

（四）应用信息技术，提高学习效率

信息技术还可以对更多的教育资源进行开发，为学生们提供一个可以在线上进行学习的平台，从而让他们能够与老师进行互动，从而打破传统教育教学的局限性，达到提高他们核心素养的目的。高中数学教师可以在概念教学过程中，将多媒体技术融合进去，让课堂教学形式变得更加丰富，同时还能对教育资源进行补充。教师应该将信息技术用作自己教学的辅助手段，同时避免形式主义，不能浪费多媒体设备与课堂时间，也要尊重学生的主体性，充分发挥自己的引导作用，从而推动学生的进步和发展。

比如，在对"空间几何体"相关知识的概念进行教育的时候，很多学生在语言的指引下，很难建立起一个三维的空间模型，因为他们缺少了三维的思考能力，所以他们在对概念知识的理解中会遇到比较大的问题。为此，数学教师就可以结合信息技术，通过多媒体设备，向学生呈现不同几何体的空间形态，展现几何体的动态变化，并通过透视图，加深学生对空间几何体结构的认识。除此之外，教师还可以鼓励学生们自己去做一些有意义的事情，让他们在自己的实际操作过程中，感受到一些关于空间几何的知识，在提升他们自己的操作能力的同时，也深化了他们对数学知识的理解。

（五）融合数学思想，强化概念认知

数字与图形的组合，是数字和图形的互相转换，是一种有效的方法。通过图像展示的方式，使学生能够对知识和问题有一个直观的了解，进而简化了思考的路径，不断地发展自己的数学思维。在将数形结合思想应用到数学课堂上的时候，教师要把学生放在核心位置上，将自己的教育和引导功能完全发挥出来，让学生尝试将数形结合思想应用到实际当中，并在持续实践的过程中，找到更多可以用来解答数学问题的思路与方法。

比如，在"统计图表"课程中，教师可以通过讲解基础知识，并通过练习的方式检验学生的掌握情况。在这一章里，很多习题都是以图形的方式呈现出来的，在练习和解释的时候，教师可以带领学生先看看图形，说一说自己从图形中得知了什么，之后，教师就可以引导学生根据自己得到的信息来回答问题。通过对这些图形的分析和讨论，可以让学生学会如何去发现这些图形中所蕴含的信息，而且在后期的实际问题的处理中，还可以把图形与数学问题联系起来，达到数形结合的目的，进而提高自己的数学分析能力。

总而言之，高中数学教师应该对学生核心素养培养的目标有一个清晰的认识，对课堂教学方式进行改革，将数学概念教学的内容充分地重视起来，采用强化知识引入、加强教学互动、将新旧知识联系起来、应用信息技术、融合数学思想等方式，加深学生对数学概念的理解，降低知识学习的难度，提高数学教学的形象性，从而推动学生数学核心素养的提升。

第四节　讲评课教学模式

在数学教育中，培养学生的数学思维，实现数学立德树人的根本任务，是一项十分重要的工作。数学讲评课是一种重要的课堂形式，也是一种重要的教学内容。然而，当前高中数学教学中却出现了"讲"和"评"之间的不协调，多数教师在讲评课上只注重"讲"，而忽略了"评"。在数学讲评课中，首先应该把数学知识的关联性与数学知识的发展结合起来，把学生的数学思想的领悟、数学学习的体验，对数学美的欣赏、数学学习的兴趣，数学学习的提高等作为重点；其次，针对高中数学讲评课的教学价值和"讲""评"之间的不平衡，提出"讲解"和"评价"并重的高中数学讲评课教学模式，并对其实施方案进行详细的剖析。

一、高中数学讲评课的价值分析

数学讲评课是数学教学中不可缺少的一部分，它可以帮助学生判断学习效果，激发学生的学习热情，培养学生的学习兴趣，欣赏数学美。比如，对学习效果进行诊断，包括阶段性、总结性的诊断等等。分阶段进行诊断，例如随堂小测，周考，月考，单元测验等；总结性诊断，例如半年，期末，毕业考试等。通过对学习成效的分析，可以帮助我们更好地了解学生的学习状况，从而更好地改进教学方式，更好地调整教学进度。数学讲评课，可以说是一门可以调动学生的学习积极性，并可以培养他们的学习兴趣的一门重要课程，它还可以让学生去感受数学世界，去欣赏数学美，去领悟数学思想，去体验数学成功，去形成正确的数学价值观。

二、高中数学讲评课的研究与失衡分析

（一）关于数学讲评课的研究

数学讲评课是一种重要的教学形式，一直以来都为教育界所重视，有关它的研究成果也很丰富。例如普通的"三部曲""四环节"和"六步"三种教学模式。

从"三部曲"的角度看。顾静华认为，在教学中，要做到"析错""定方法"和"常反思"；钱桂荣认为，在教学中，要从"思想"和"操作"，"技巧"和"方法"，"变化"和"规律"三个层面来提升教学质量。关于"四环节"教学模式。罗庆友提出了"四环四位"的数学教学模式，即分析和统计得分，展示和反馈思路，分类点评和纠正错误，转化巩固和扩展；郭建华提出了错误原因分析，选择讲课，变化训练，评课反思的"四部曲"。针对"六步"教学法。戴圩章提出了"课前预习""自主纠错""合作探究""适度拓展""巩固提高"和"课后总结"的"六步"教学方法；牟天伟与张玉华提出了"六环节"的教学模式，即定目标、给学生机会、注重方法、适度扩展、有评价和有跟进。上述的研究，对于建立一种新的数学讲评教学模式，有一定的启发和指导作用。

根据上述文献的分析，可以看出，高中数学讲评课具有以下几个特点：①关注统计与分析；②注重方法的多样性；③重视变练和拓展；④注重反思和巩固。然而，在数学讲评课上，人们却很少注意到数学思想的渗透和领悟，讲评课更多地侧重于知识点的"讲解"，对"评价"的重视程度很低。

（二）对数学讲评课中的失衡分析

讲就是讲解，评就是评论，讲和评不能有偏废。讲的内容要清晰，语言要简洁，结构要清晰，要有视野，要有深度；评，主要是针对知识、针对学生，也就是要对知识、对学生进行评价。张捷在谈到数学评卷课时，提出了"评卷"方面的观点，指出了"评"更具重要性，可以让学生在不断认识自己错误的过程中，积累经验，从而提高他们的数学素养。研究发现，有效的认知行为，是由两种不同的系统共同完成的，一种是认知系统，另一种是非认知系统。数学讲评课的"讲"可以激发学生的"认知系统"，而"评"可以激发学生的"非认知系统"。因此，有效的数学认知活动应该是以教学为主，以评价

为辅。在现实生活中，高中数学讲评课教学中，对"评"的作用不够重视，例如，蒋美衡关于高中数学讲评课教学的调研结果显示，高中数学讲评课教学中，教师更多地注重课堂教学中的诊断与提高教学水平，而忽视了学生参与评价、激发学习动机、提高情感体验、提高学习兴趣等方面的作用。

布鲁姆的"分析""评价"和"创新"都属于较高级的"思考"。通过数学讲评课的评价，可以促进学生高级认知心理的发展，从而增强对数学知识本质的理解、对数学方法的提炼、对数学思想的感悟等。在课堂教学中，不仅要有教师的评价，还要有学生的评价、师生的评价、生生评价、目标评价等。因此，构建一种兼顾"讲"和"评"的"讲""评"相结合的教学模式，具有十分重要的现实意义。

三、高中数学讲评课的模式构建

一种优秀的数学讲评课模型，应该从学生的认知水平出发，尊重人类大脑的认知规律，提高他们的认知水平，从而对他们的数学思维质量进行优化，对他们的数学创新思维进行培养。

（一）数学讲评课的"讲解"与"评价"模式

针对当前关于高中数学讲评教学的研究，多数教师和研究者侧重于讲解，对讲评教学中的评价重视不够的现状，提出了"讲""评"并举的高中数学讲评教学模式。

（二）对数学讲评课的"讲解模式"分析

模式，又称范式，是一种建立在某种实践与理论基础之上的规范的行为模式。数学讲评模式的构建，对规范数学讲评方式、提高数学讲评质量、提升学生数学素养具有重要的价值。

1. 试题系统分析

在教学过程中，教师要从不同角度，不同层次，有针对性地分析问题。分析整个班级的试卷作答情况，分析每道题目的难度系数，分析不同类型题目的得失。除了要从总体上进行分析之外，还要注重对个体的分析，比如要注意到学生的作答失误，及优秀解法与错误解法的学生的信息等，这样就可以为题目的讲解和学生的点评做好准备。

2. 核心问题引入

问题是数学的灵魂，好的问题不仅是数学课堂教学中的一把钥匙，更是激发学生数学思维、激发学生学习兴趣的关键。在数学教学中，重要的就是问题，好的问题、好的题目，有若干的评判标准和特点：考查的是核心知识；问题的特点是探索性、启发性和可迁移性；问题的思路较宽，解决方法较多，切入点较多；问题具有普遍性，它可以将一个问题转化为一系列问题或一类问题。在现有的课程标准中，可以用高中数学的六大数学核心素养或高中数学"十大关键词"来判断一个问题（试题）的好与坏。因此，数学讲评课不一定要面面俱到，要把所有的内容都讲解一遍，而要抓住核心问题，抓住学生的薄弱环节，有针对性地进行讲解。

3. 失误归因与总结

对这些问题进行合理的归因与总结，对于提高学生学习的主动性、认清自己的缺点，都具有十分重要的意义。错误归因，有三种类型，即错误归因于自己，归因于教师和归因于客观条件。对自己进行自我评价，也就是对自己的问题进行自我评价，这样才能更好地了解自己的不足之处，才能及时改正。如果把责任都推到教师身上，比如教师没有把某些知识点说明白，就会直接造成自己不会做这类题目。教师要对学生进行正确的归因指导，使其认识到自身的不足，提高认识。归因教学的目标就是要对错误进行有效的总结，并通过对错误的归纳，来积累学生的数学活动经验。

4. 分析引领与方法指导

在剖析引导和方法引导方面，则以剖析思想为主要内容，辅以方法引导。思维分析，就是根据题目中的条件信息，对条件进行恰当的改变与组合，从而得出问题的解决方案。思维分析的关键在于对思维发生的过程进行分析，也就是思考的原因。这是怎么回事？这么一想会有什么后果？应当指出，思维分析并不等于完全的流程板，但是思维分析可以被看作是一个简化的流程板。一块完全的板书，虽然可以给学生们提供一个解决问题的模板，但是它也很可能会导致学生们的思维懈怠，这样下去，会对他们的数学思维和数学习惯的培养产生不利的影响。因此，我们尽可能不用完整的板书进行讲解，而是用简洁的分析思路板书，让学生在课后对答案进行再一次的分析，并对其进行改进，这样不仅可以构建有效的课堂，还可以对学生的试题分析能力进行训练。当然，在讲新课的时候，也要把全套的板书拿出来给学生做模仿品。数学方法，就是对数学知识进行提炼，并指导其应用。在教学方法方面，则是对数学方法论进行了说明。在高中生中，大多数人都很难理解数学方法的内容，但是教师却能做些浅显的讲解，并在教学中渗透。

5.情境创设与同化迁移

情境创设，是给学生已经熟悉的、具体的知识套上"外壳"，也就是在不改变知识本质的前提下，对知识进行"穿马甲"和"换马甲"。吸收与适应，是两个最基本的学习原则。"吸收"，就是在接受了新的知识（信息）后，在不改变其自身的情况下，将其融入原来的认知结构中去；顺应，指的是为了接受新的知识（信息），改变现有的认知结构，以适应新的知识（信息）的纳入。迁移主要有两个方面，四种类型，分别是正向和负向，横向和垂直。在数学教学过程中，应尽可能避免负迁移，多采用正迁移，最好的办法就是让学生对数学知识进行同化，这是最经济有效的学习方法。因此，在数学试卷讲评课上，要及时地创造出新的情境，把知识和情境结合起来，让学生在同化迁移的过程中，提高对问题的认识和解决问题的能力。

6.思想渗透与教学留白

数学思维的发展，大体上可以分为三条路。第一种是将数学思想融入教师的讲解之中；第二种，老师在讲课中，学生自己领悟；第三种，是在自主学习中，在实践中，在总结中，在反思中，在顿悟中，逐步形成自己的数学观念。而对第一种情况，教师在解释完题目之后，可以将题目的答案进行归纳、概括，从中提取出数学的思路；第二种，就是在授课完毕之后，留给学生一段时间，让学生自行感悟；而在第三种情况下，则更多地依赖于学生自己的数学观念，要求他们有较高的数学观念意识。哲学为至高思维，而艺术为至高行为。"留白"就是在恰当的时机，留给他们思考和理解的机会。数学讲评课作为一门数学知识、方法、思想和精神的传达过程，既要教师对其进行思想的渗透，又要教师在恰当的时机给其留下一定的空间，使其在感受数学思想的过程中，加深对数学的认识。

7.思维过程监控与调节

思维，指的是人类特有的一种高级心理活动，它是将外在获得的表象、意象等，进行分析、综合、判断、推理等步骤的认知活动过程。数学思维，是一种人所独有的数学心理活动，它是通过分析、综合、判断、推理等步骤进行的一种认识活动。数学思维的监测与调控过程，指的是对人在进行分析、综合、判断与推理的过程的监测与调控过程。在认知心理学中，人们对知识的认识被称作"元认知"。在此基础上，对学生进行数学思维活动的监督与调控，可以说是对学生进行数学思维的一种活动。因此，我们可以对学生的数学元思维进行监测与调控，从而培养他们的数学元思维能力。

（三）对数学讲评课"评价模式"的分析

1. 总体与个别评价

综合评估，也就是一种对整个班级的综合评估。从整体上看，又可分为对比法、相对地位法、等级法等多个角度。对照性评估，即将本次测验与以往的测验进行对比，使同学们清楚地了解全班的总体变化；相对排名评估，即通过与其他班的排名对比，判断本班的排名和排名，从而确定本班的排名；分级考核，就是根据班级的名次，来调动同学们的积极性；个人评估，也就是根据每个学生的具体情况，做出评估。在进行个人评价时，要做到有针对性，但是在整体上，它属于一种以发现优点为主要内容的评价方式，也就是以激励性评价为主要内容。对于作答较差的学生，需要对他们出错的原因进行详细分析，帮助他们正确地归因，并积极地引导和鼓励他们。

2. 问题的评价

对问题进行评价时，评价问题的选取和评价视角的选取是评价的重点。对于普通题目的评价，可以根据学生的数学知识、基本素质、思路、方式等几个角度来对问题进行全面的评价。知识要点，即根据考题的内容，教师将考题上的"马甲"脱掉，使考题中对应的知识要点显露于人前，即"脱情境"，又称"脱马甲"；核心素养，即数学核心素养，教师评价问题所考查的核心素养，有数学抽象、逻辑推理、数学建模、数据分析等，使学生清楚地知道自己缺乏的是什么数学核心素养，从而有针对性地进行补充。思考，即通过评价问题中涉及的数学思考，让学生通过思考来获得更多的活动体验；方法或思维，即对问题中涉及的数学方法或思维的一种评价，用不同的思路和方法去求解，可以把各种数学知识结合在一起，而且还可以用一题多解的方式，发展学生的发散性思维，即创新思维。

3. 激励性评价

所谓"激励性"，就是要以"激发"为主要方式来评价学生。根据蒋美衡关于数学讲评课现状的调查，在课堂教学中，教师更多地注重了讲评题目的诊断作用和提高学生的能力，而对于学生评价的参与度、学习动机的激发、情感体验的提高、学习兴趣的培养等方面的重视程度较低。德国教育家第斯多惠曾经说过："教人之道，不在传授技巧，而在激发，在召唤，在激励。"张林森认为，高效的阅卷应该突出"动因"的作用。可以看出，数学试卷讲评课是一个修正错误、检验知识、提高认知等的良好机会，要充分发挥它的激励性功能，将学生的情感、兴趣、毅力、态度等非认知因素充分调动起来，这对于培养学生持续的数学学习兴趣和对数学知识的求知欲有着十分重要的作用。

4. 过程性评价

过程性评估，应贯穿于整个问题分析和解决的全过程，侧重于思维的解析和过程评估。对同一问题，可以采用多种不同的处理方式，不同的处理方式，在思维上的分析也是不一样的。在进行评价的时候，要注意对每一种思路的来龙去脉进行评述，对每一种思路的优劣进行评价，让学生在教师的思路点评中，找到与自己相适应的方法，并熟练掌握，将其固定为自己常规的解题思路。

5. 联系性评价

结合式评估，强调评估中的数学知识间的关联性。张林森主张，要进行有效的教学，就必须建立一个知识网，也就是要重视对知识点的连贯性评估。人类最初的认知，应当是与文字、算术有关的。语文知识可以告诉我们要学习的东西"是什么"，而数学知识可以告诉我们要学习的东西"是多少"。语文知识是以"质"为目标的，而数学知识是以"量"为目标的。就数学而言，它的产生，发展，变化，总是与量密切相关的。也就是说，每一个数学知识点，都不是独立的，它们是一个整体。因此，在数学讲评课中，应该重视对知识之间关联性的评价，明确每一个知识点的价值和地位，帮助学生建立起一个系统的数学知识网络。

6. 思想性评价

数学的本质就是思维。数学观念是数学知识与方法在本质上的一种抽象与浓缩。数学知识，指的是对数学研究对象在数量关系、空间结构等方面的本质的提炼。数学方法，是一种从数学中提炼出来的方法，并不局限于某一种问题，它可以应用于任何一种问题。数学观念的传授很难，教师要在评析中体现数学观念，强调观念的渗透。用教学留白的方法，让学生去感受数学思想，去体会它的魅力。

7. 体验性评价

裴娣娜教授对经验的看法是："经验就是人对于欲望和要求的感觉。"良好的数学成功经验，可以有效地提高学生对数学学习的兴趣，而数学测验讲评课则是一个很好的机会。由于大多数学生，尤其是到了高中阶段，很少能在课堂上获得成功。因此，在数学试题讲评课中，教师要将重点放在对学生进行的经验性评价上，让他们能够更好地感受到自己在数学学习中所获得的成功，进而激发出他们继续学习的内在动力。

（四）对数学讲评课"学生活动"程式的分析

学生的"活动程式"与老师的讲解、评价等环节是一致的，以下只做一个浅析。

1. 自主订正环节

在这个环节中，学生可以参考自己的答案，修改自己的错误，也可以和同学一起讨论修改自己的错误。在自我修正过程中，除了对作为行为结果的错误回答进行修正外，下面的问题也应得到重视。第一，注意错误和错误的成因，也就是对错误的成因进行归因，要从自身的实际情况出发，不能把错误归因为主客观两个方面，也就是说，要找到正确的成因，并对其进行准确的归因；第二，注意做对的题目，看自己的解法有没有问题，有的题目用的是"错误"的解法，却恰巧得到了正确的答案；第三，要将自己的答案与参考答案、同学、教师的答案进行比较，选择最适合自己，最有效的答案。

2. 待评价与问题发现

准备评估，也就是要由教师来评估整个班级和个人。问题发现，也就是学生通过教师的问题引入和评估，来发现自己存在的问题，之后，有目的地聆听教师对问题的分析和讲解。在待评阶段，教师不一定要对整个班级进行整体的评估，所以，也要让学生自己对问题的答案进行评估。问题的发现，是解决问题的先决条件，是数学学习的开始。因此，在学生的问题发现阶段，教师可以先让学生自己说出自己的问题，再利用分析和点评，逐步让更多的问题暴露出来，从而发现隐藏的深层次问题。

3. 纠错与究错辨析

在教师的问题引入和分析之后，学生可以对照教师的问题分析，对自己的错误进行纠正，包括解答过程、思维方式、书写格式等。其次，要"究错"，就是要找到自己为何会走错路，并且要深入地反省自己所犯的错误。但在现实生活中，多数教师对学生的课堂教学还处于"纠错"环节，对"究错"环节的研究还不够深入。究错的目的，并不只是为了找到错误产生的原因，更重要的是，让学生找到自己思维中存在的缺陷，从而对自己的知识体系进行持续的改进，从而推动数学知识的结构化和网络化。

4. 综合分析与问题解决

综合分析是以教师对问题的分析和方法指导为基础，学生按照教师的指导，自己独立地进行思考，这个独立自主的思考过程是必不可少的，也是学生进行学习迁移的一种有效途径。但是，因为教师和学生都面临着考试和升学的巨大压力，所以在课堂上，学生很少有独立、自主思考的时间，大部分时候，他们都是以"老师讲，学生听"的方式进行的，这就要求学生在课后去思考并解决课堂上的遗留问题。那么，该怎样才能解决遗留问题呢？例如，可以通过整理笔记，再做一遍题，把错题进行整理，这样就可以提高学生的自我意识了。

5. 方法迁移与创新

所谓"方法转移"，就是把某一特定题目的方法转移到另一类题目上，或者在同一题目或其他题目上采用新的方法来解答。这里所说的"创新"，并不是说发明了新的知识，而是在已有的知识基础上，找到了新的思路（或许这个思路已经存在，只是以前没有找到而已）。构建新情境、变式训练、多题一解、问题归一化等常用的方法转移方式，尤其是其中的构建新情境和问题归一化，对提高学生的方法转移能力具有重要意义。

6. 反思与思想感悟

思考是智慧之源。反省，即反反复复思考，就是对一个问题进行长时间的、深入的思考，主要表现为针对性和持久性。逆向思维，是一种由结果推论原因的思维，它体现了思维的方向性。多维思维是从被考察对象的多个角度来考虑问题，是一种多维度思维。学生的数学观念的形成，并不是通过老师的教导，而是通过学生自身对数学的感知、学习、练习、思考、顿悟等过程，形成的对数学思想的理解能力。但是，对数学思维的思考，仅仅是一个必要条件，并不是一个充分条件。

7. 认识问题本质

经过对问题的思考，对数学思想的领悟，还要明确问题所考察的实质。我们可以从下面几个方面来考虑：第一，考试的内容是什么，也就是把知识分类；第二，要看题目的种类，比如运算、结构、反例、推理等，以此来提高自己的数学能力；第三，本题还能与什么知识相结合，也就是能否将其他知识整合为试题；第四，这一问题能否继续得到推广等。

四、对数学讲评模式构建的思考

（一）讲评模式应发展和开放

在数学教学中，评价方式应该是发展性的、开放性的。发展是一种正常的变化，数学考试中的讲评方式，也是一种在"讲"和"评"之间进行权衡的方法，它是分阶段进行的。因此，我们必须以发展性的观点来看待数学教学中的评价方式。讲评的形式要有开放性，不能一成不变。所以，在教学中，可以针对自己所教授的学生，对教学中的各个环节进行简化或精炼。

（二）讲评模式应灵活和关注人文

在数学教学中，评价方式应具有灵活性和人文性。灵活，也就是在讲评模式中，每一个环节都可以进行灵活的调整，而不是固定不变，要以学生的实际特征为依据，掌握好重点，有针对性地突出重、难点。数学讲评课堂，应当是注重人文的，也就是要注重学生的学习体验、学习情绪和学习感受，充分重视并调动学生的非智力因素，从而提高他们的数学学习积极性。

因此，在数学讲评课教学中，应注重"讲"与"评"并重。在解释过程中，提高学生的数学认知结构，使他们的数学思维质量得到最大程度的提高。在评价时，应充分发挥非认知因素，提高其学习积极性。让学生通过自主学习，通过反思，通过顿悟，逐步形成对数学的本质的理解，从而提高自己对数学思想的理解，最终达到追求数学精神的目的。

第五节　规则课教学模式

根据教学心理学的观点，学生具有多种学习形式，而不同形式的学习形式又要求不同形式的教学。国内外已有不少心理学家对各种学习方式做过深入的研究，并给出了各种分类体系。然而，笔者在实践中发现，美国著名的教育心理学家加涅提出的"成果分级"理论，在高中数学教学中起到了很好的指导作用。

加涅相信，学习可以使一个人在其能力与取向上产生较长时间的改变。这些改变包括五个方面：语言信息、智力技能、认知策略、运动技能和态度。语言的学习主要是通过对语言的理解和记忆，并在必要的情况下回忆，从而回答"是什么""为什么"等问题。智力技能、认知策略、运动技能被统称为程序知识。智力技巧体现在外部条件下的解题能力，认知策略体现在内在条件下对思考与记忆的调节能力，而行动技巧则体现在手、眼、手的协调能力。程序知识的学习，并不是单纯的理解与记住，而是要将这些知识应用到"怎么办"上。举个例子，平面几何里的勾股法，假如你明白了，并且在必要时可以回想，那只代表你学习了一些描述性的知识，并不代表真的掌握了这个定理。只有在你遇到一道平面几何问题时，你可以判断是否可以利用勾股定理来解决，并且知道如何利用勾股定理来解决时，你才算是真正学会了勾股定理。因为勾股定理是一种程序知识，掌握程序知识并不是看你能不能记住，而是看你能不能用它来解决"怎么做"的问题。

根据加涅的学习分类，智力技能可划分为五个子类，即辨别、具体概念、定义性概念、规则和高级规则，高级规则是由若干简单规则组成的较复杂的规则。加涅对智力技巧的学习规律，也就是智力技巧的学习过程和需要达到的条件进行了深入的研究，这也是加涅的学习分类法比其他分类法更具优越性的地方。加涅的上述研究结果，为我们研究高中数学课型提供了强大的理论武器，为我们研究每种课型的课堂教学结构特征奠定了坚实的科学依据。

很明显，在高中数学中，学习性质、法则、公式、公理、定理等，都是要用来解决"怎么办"的，所以，这些东西从根本上来说，都是一种智力技巧，也就是一种程序知识。弄清楚这一点很重要。这让我们可以利用加涅的学习分类理论中关于程序性知识的学习规律，尤其是学习智慧技能和规则所需经历的过程和所需满足的条件，来确定相应的课堂教学结构。

按照加涅的"学习成果"划分，高中数学中的"性质""规律""公式""公理""定理"等都是"智力技巧"中的"规律"。不过，也有一些规则并不是很清楚，比如求解一元二次不等式、求解数列 n 项和的裂项相加、"五点法"、图形转换、图形绘制等。在这个算法里，流程图其实也是一种规则。

这一节中所说的课型，也就是课的类型，是以一节课（有时候是连续的两节或三节课）所承担的主要教学任务为基础的，但是，它还具有课的模式的意义。这是由于在相关的教学心理学理论中，不同的教学任务属于不同的知识范畴，而不同的知识的学习过程和所需条件也不尽相同，这就造成了不同的课堂教学结构。这种以一定特征为特征的课堂教学结构，实质上是一种"微观世界"。本节对课型进行了研究，旨在对特定类型课程的课堂教学模式进行分析，从而为制定教学计划提供基础。

因此，本节将以高中数学中的法则、公式、公理、定理、数学重要结论和数学基本题型的解法等数学规则的教学作为主要教学任务的一类课，统称为高中数学规则课型。

一、教学任务分析

高中数学规则课型教学的主要任务，就是让学生通过大量的例子，来对规则所反映的关系进行解释，并能灵活地运用规则，在其适用的各种不同情境中解决问题。因为对规则的掌握与应用是人最重要的智力活动之一，所以对数学规则的学习应该被视为一种程序知识，主要包括以下四点：第一，要弄清楚什么是数学规律；第二，要弄清数学规律为何如此；第三，要弄清有关的数学规律，弄清其联系和区别；第四，"用规律做事"，把所学到的数学规律应用于不同的具体情况，并加以解决。前三个重点是对数学规律的认识，而最后一个重点是对数学规律的转化与运用。

二、学与教的过程和条件

本节从皮连生提出的"六步、三段、二分支"的教学模式出发，对高中数学规律的学习和教学的总体流程进行了剖析。

第一阶段：学习的步调

这个阶段的研究内容主要是关于什么是规则，为什么是这样，及它与相关的规则有何关系等，所获得的知识仍然只是对规则的一种表述，而学习的重点在于对所学到的新规则的认识、理解，指的是学生在新知识的内部，以及在新旧知识之间，展开各种处理过程，让新的信息进入到原有相关知识的网络中，或者对原有的相关知识进行修订与补充。奥苏伯尔的"吸收"理论认为，数学规律的获得有两种基本方式：一种是由实例到规律的"学习"（简称"常规"），也就是"高级"学习；二是从规律到事例的学习，也就是所谓的"下位法"。

从实例到规律的学习（简称常规法）是一种高级学习，又叫发现学习。学习的内在条件是，在学习过程中，学生已经掌握了与之相适应的相关的概念。比如，在学习"平行线"判断定理时，首先要掌握"平行线"的概念。学生学习的外在条件包括两个：一是教师展示一定数量的规则实例，并且这些实例的安排要有提示意义；二是教师对学生进行恰当的口头辅导。

它的总体教学流程是这样的：对与规则有关的概念进行复习→教师展示出多个有组织的信息（规则的正例）→对这些正例的共性进行分析和总结，找出并验证规则的规律和规律，运用正反例，明确规则的适用条件。

从规律到事例（或称例法）是一种下位性的学习，又叫接受性学习。学习的外在条件包括两个：一是通过一些例子来说明教学规律，举例要灵活多变；举例的数目要适当，并非多多益善；二是教师对学生进行恰当的口头辅导。

它的总体教学流程是这样的：对原有上位概念和规则进行回顾→使用直陈式或推演式将新的规则展现出来→使用正反例，对规则进行验证，并明确规则适用的条件。在展示新规则的过程中，一般有两种方法：一种是直陈式，也就是教师通过口头陈述的方式，直接向学生展示新规则，并告诉他们新规则是什么、如何做就行了，并不需要让学生了解新规则的成因；第二种是推演式，即教师用从已有的规则中推导出新的规则的形式，既要让学生明白新的规则是什么，也要明白新的规则为什么会是这样的。

因为高中生的抽象化和泛化程度已经很高了，所以在高中生的数学规律课程中，更多的是运用范例方法。

第二阶段：蜕变

该阶段的核心内容是将规则从第一阶段获得的陈述式转换成程序式，即"怎样"的问题，其关键在于要明晰使用规则的过程和步骤，并试图将其应用到特定的场景中。在转换中，一个重要的前提就是要有变化的练习。变式训练是指当其他有效学习条件相同时，对规则实例进行改变。变式训练可以使学生在不断变化的情况下，操练并运用这些规律，从而达到较好地解决问题的目的。

在这一阶段，通常的教学流程是这样的：学习样例→明确运用规则行事的程序和步骤→提供变式练习，引发学生的反应→提供反馈与改正。

在变式训练的设计与执行中，要做到：第一，变式的例子要有一定的代表性；第二，变式的数量要控制好；三是要注重落实职责的转变，即教师的指导性逐渐降低，直至学生的自主性完全落实；四是要强化对学生习作的监督，并及时进行反馈与更正。

第三阶段：移植和运用时期

第三阶段是在第二阶段的基础上发展起来的。在第二阶段，经过变式训练，学生已经可以在几种具有代表性的情况下使用规则，并初步掌握了使用规则进行外部行动的技巧。第三个阶段是为了更好地适应新的学习环境，从而使学生更好地适应新的学习方式。而要解决这个问题，最重要的是要有综合性的训练。在综合练习中，问题的类型或情境应该是多种多样的，与第二阶段比较起来，既有相似的内容，也有新的呈现形式，这样才能有效地帮助学生在不同情境中，自主地运用规则解决问题。这个阶段可以在课堂上或课堂外进行，但一般都是一遍又一遍的。

根据不同的教学内容，也可以分为不同的教学时间。一般来说，第一和第二阶段的研究仅在课堂上进行，而第三阶段的研究一般会被安排在课后或之后的课程中进行。

三、高中数学规则课型教学的基本程序

根据上面的分析，结合广义知识学与教的"六步、三段、两分支"教学模型，我们可以将高中数学规则课型教学的基本程序简要归纳为以下几个阶段。

第一阶段：习得阶段

（1）唤起学生的关注和告知，让他们对新的规则有某种期望。

（2）通过回顾已有的知识，使学生对新的规则有更深的理解。

（3）运用"例证"的方法，以使学生掌握一种表述式的规则（包含构成该规则的概念）。

其中步骤（3）既有使用例规法，也有使用规例法，这两种方法中的子过程各不相同。

在使用例规法的情况下，这一步骤的子过程是：对与规则有关的概念进行复习→教师呈现多个有组织的信息（规则的正例）→对其共性进行分析和总结，从而发现规则（有时需要加以证明）→利用正反例，从而确定规则适用的条件。

若采用规例法，那么此步骤的子过程是：回顾原有上位概念和规则→呈现新规则→利用正反例，明确新规则适用的条件。

但是，对于那些尚未学过的概念，这个步骤需要分成两个步骤，第一个步骤是要先学到所学的概念。在教学中，我们不需要把这类概念当作一个概念课程来对待，只要在教学中帮助学生了解就可以了，这是由于其变化训练等均与相关的规律相结合。

第二阶段：转化阶段

（1）研读范例，使学生明白应用法则的过程和步骤。

（2）通过变式练习，使学生初步了解使用法则做事的过程和步骤，也就是把法则变成行动的技巧。

其中，第二阶段第（1）步本来应该是第一阶段第（1）步，但是，从高中数学课堂教学的特点来看，把它和变式练习结合起来，更便于教师运用。由于有很多规律可循，所以在教学中就必须重复地做大量的范例学习和变化练习。

第三阶段：迁移与应用阶段

通过课外作业、复习、间歇练习，及对后一节课内容的运用，为学生创造一个能运用观念的环境，以增进他们对新规则的记忆和迁移。

第六节 习题课教学模式

数学学科核心素养的内容主要包含了以下内容：数学抽象、逻辑推理、数学建模、直观想象、数据分析以及数学运算能力等。在高中数学习题课的教学中，把数学核心素养融入其中，既可以推动高中数学教育的改革，又可以有效地提高学生的数学综合素质，因而具有十分重要的实践意义。

一、基于数学核心素养的高中数学习题课教学的原则

（一）目的性原则

开展高中数学习题课教学活动，首先应该对教学目标有一个明确的认识，而教学目的性原则的提出，就是要为数学教学活动指明一个正确的方向。所以，数学教师在实施以核心素养为基础的习题课时，必须坚持"目的性"的原则，在习题课上始终贯彻着对数学核心素养的培育，要明确如何选择、如何设计习题，在授课时要明确如何授课，如何解惑等。

（二）主体性原则

在高中数学教学过程中，不管是确定教学目标，还是教学重难点，或者是设计习题，都应该以学生为中心，也就是坚持以"学生为主体性"的原则。每一个学生都具有自己的个性特征，是一个具有独立性的、发展性的个体，其对事物的认识、接受程度也不尽相同。所以，要想将数学核心素养的培养更好地贯彻下去，教师一定要把学生放在中心位置，要对每一位学生的发展状况有充分的认识，然后才能有针对性地选择数学习题，做到因材施教，这样才能更好地激发学生们的积极思考和探究精神，激发他们的学习兴趣。

（三）数学核心素养的渗透原则

培养高中生的数学综合核心素养，并不是一朝一夕就能完成的，核心素养

也不是依靠教师的教育努力形成的，而是在学生进行自主思考，并与同学、教师之间进行沟通交流的过程中逐步形成的。所以，教师一定要在数学课堂的每一个环节中，自觉地对核心素养进行渗透，利用创设习题情境，运用多样化的教学方法，将习题呈现出来，让学生们能够进行独立思考，同时还可以鼓励小组之间的沟通和合作，在这个过程中，逐步地对数学核心素养进行渗透。

二、当前高中数学习题教学中存在的问题

（一）选题及设计过于随意

从当前的教学现状来看，许多教师在教学中忽视了选题和设计的重要作用，经常将以前的教材案例直接套用到课堂上，造成习题不典型，表现方式太简单等问题。

（二）学生缺乏自主学习时间

在习题课上，通常情况下都是教师讲解，学生只能被动地接受。因为学生的学习兴趣是有限的，如果教师在课堂上只顾自己讲解，学生就会觉得枯燥。但是，在教学的过程中，许多教师担心自己的讲解不够透彻，担心学生们不能完全理解，所以一直都是一味地进行讲解。其实，如果讲解太多，就会造成学生对教师的依赖性，从而影响到他们积极思考的能力。

（三）评价方式缺乏多样化

在讲解完习题之后，教师通常都会做一个总结和评估，并把自己以前的经验传授给学生，这种方式尽管非常有效，但是却缺少了对学生反馈信息的接收。其实，在现实生活中，学生在面对同一个问题的时候，经常会产生不同的看法。因此，采用多元化的评价方法，才能更好地激发学生的灵感，让他们培养出独立思考的能力。

（四）缺乏对学生数学核心素养的培养

在教学实践中，笔者发现许多教师都非常注重数学思想方法的渗透。但是，许多教师对数学核心素养还不是很熟悉，更没有几个教师在课堂上会把它放在第一位，对于学生核心素养的培养意识比较薄弱。

三、核心素养下高中数学习题课教学策略探究

在传统的教育观念之下，数学教学只注重学生的成绩，采用的是单一的教

学方法，主要以例题讲解和反复训练为主要内容，因此学生一直都是在被动地学习。但是，在高中的数学知识相对比较难，许多学生不能对知识进行有效的理解，因此他们的成绩不能得到提高，他们的素养也没有得到培养，这会对他们的未来发展产生不利的影响。所以，在目前的教学中，教师要把素养教学作为自己的导向，注重对学生的引导，让他们积极地参与到数学知识的学习和问题的解决之中，从而提升他们的学习质量，培养他们的数学素养。

（一）做好课前授课准备，合理选择练习题

在上课前，教师要先对习题纲要和学习目标要求进行充分的理解，再把学生课后的练习题进行归类，并逐一进行解析，这样才能在为学生解决问题时，能够更好地发挥自己的能力。在批改学生的作业时，要在修改的同时，注意到学生有可能出错的知识点，并对作业中的难点，采用启发式、引导式教学，让学生自己找出问题的答案，这既能让他们有一种成就感，又能提高他们的自主学习能力。例如，在"集合"这道题中，需要对某些基本的观念和基本的知识有所理解。在选择练习的过程中，教师第一要了解学生对知识点的理解和把握，然后根据具体的情形，做出有针对性的选取；第二，要针对每个班级的具体情况，选取合适的题目，以取得较好的训练效果；第三，找到一些有代表性、典型的习题供学生做，不要求数量多，但要精；第四，要回到课本，与课本内容保持紧密联系。千变不离其宗，考试题不会脱离书本知识，老师要用问题作为习题导向，提升学生分析探究的能力，让他们自己去寻找问题，去探究解决方法。以此培养学生的发散思维能力，使他们学会将问题叠加，从多个角度剖析问题、攻克难题。

（二）激发学生创造性思维，有效提高学习质量

高中生的数学知识比较难掌握，所以，教师要合理安排习题，不仅要增强学生对知识的了解，还要让他们有足够的自信去回答问题，要想方设法让学生开动头脑。数学问题千变万化，解决问题的方法也千差万别，在遇到问题时，教师应适时合理地进行引导，让问题迎刃而解。每一位学生的学习能力、思维方式、认知水平都不一样，为了让每一位学生都能够获得更多的知识，教师就应该将习题分成两种类型，一种是阶梯型，另一种是层级型，让不同级别的学生都可以在原来的基础上，加快求解速度，并朝着更高的水平前进，只有这样，数学的教学水平才能得到有效的提升。

综合应用题涉及的知识面很广，是对考生综合素质的一种考核。因此，在教学中，教师应避免习题的单一性，以一题多解的方式来引导学生的思维，使学生克服对此类题目的畏惧心理。比如，在一个平面直角坐标系 xOy 中，在一个圆的中心和一条方程是已知的直线的切线上，寻找一个圆的最大半径的标准公式。本题侧重于测试学生的数形结合能力，要求学生通过绘图和实践来解决问题。

解法一：先对题中的圆与直线的性质进行分析，然后通过对直线的坐标进行观察，发现可以将其写成 $m(x-2)-(1+y)=0$，这表明该直线经过一个定点，当这个定点作为切点时，圆的半径是最大的，这时，可以求出圆的半径，再以圆心坐标为依据，就可以解出圆的标准方程。这种方法需要学生自己去考虑线与圆之间的关系，然后通过两个切点以及两个圆之间的距离来计算出一个圆的直径。因此老师在讲课的时候，必须引导学生去分析，去建立一个完整的点与线之间的系统，从而帮助学生解决这个问题。

解法二：除了运用数字与形状相结合的方法，还能运用不等式的方法来解决问题。在这道题中，只要有一个最大的圆，就可以用不等式的方法来解决。我们已知直线的公式和圆心的坐标，因此我们可以用未知量 m 来表示距离 d，经过简化，注意此时取等号的条件，就可获得 d 的值即圆的直径，从而获得圆的标准方程。该教学法需要对数学中的各种不等式有更深刻的理解。对于一些诸如极大值和极小值的问题，我们也可以利用不等式的方法来求解。这种"一题多解法"能有效地促进学生的创新思维，能有效地提高学生的学习效果。

（三）注重题后评析，培养学生举一反三的能力

通过评价和点评，可以使学生理清思路，提高思考和分析的能力。当然，教师不应该就题目来谈题目，而是应该对题目进行扩展，让学生自己去探究它的深层意义，从不同的视角进行分析，培养学生的比较和归纳能力，从而能够融会贯通。教师还可以指导学生在评析之后，展开系统的总结和归纳，把他们的解题规律、易出错的题型整理出来，这样就可以活学活用，灵活地去解题，从而可以有效地提高他们的数学水平。比如，如果有一个点 P 位于一个圆上，它的中心是它的坐标原点，那么就可以找到这个圆在点 P 上的切线方程。这道题主要考查的是切线方程的知识点，要求学生了解几种常用的直线方程，比如点斜式直线方程、两点式直线方程等。在解释这道题目的时候，教师要判断出它是否存在着多个解法，并对学生进行提示，这样可以让学生学习到多种解题方式，从而培养学生的发散性思维，提高他们的解题效率。

解法一：我们已知，题目中的圆是以坐标原点为圆心的，则将坐标原点与P点相连，构成一条直线，所求的切线斜率与这条直线斜率的乘积为-1，此时，根据题目中已知的两点坐标，就能得出切线斜率。而且因为P点在切线上，因此可以利用点斜式方程的解法，得出切线的方程。此法既要使学生明白垂直直线的斜率乘积为-1，又要使学生能够正确地判定两个点的相对位置。

解法二：已知问题中的图形由一个圆和一条直线组成，圆的圆心是坐标原点、圆过定点，直线与圆的交点是圆上的一点，这样我们就能得到圆的标准方程式，并且将切线与x轴的交点设为Q。通过类似的方法，我们可以得到Q点的坐标，然后通过这两个点的坐标，就能得到两个点之间的距离，从而得到切线方程式。

（四）进行单元整合，提升学生数学整体意识

在高中数学教学过程中，教师要在课堂上培养学生的核心素养，提高他们的"即时性"能力；要让学生充分吸收学习中获得的知识和素养，还要组织学生实践，进行单元知识整合，提升学生的数学整体意识，提升学生的核心素养。比如，在三角函数的教学中，教师可以通过让学生了解三角函数图像中的角和弧的关系，使学生形成一个整体的思考框架，从而使他们对知识有一个更全面的了解，建立起数学知识间的关联，培养他们的数学核心素养。

总之，要在核心素养的大环境下，让学生更好地进行自主学习，在教学方法上，要立足于数学核心素养的内容，使学生树立对数学抽象和数学建模的认知；组织他们进行讨论和交流，训练他们的逻辑推理，训练他们的数学计算和数据分析；进行单元整合，使他们的数学素质在实践中获得提高，使他们在各种题目中有目标地突破自己的弱点，吃透、学透，从而提高自己的数学素质，得到综合发展。

第七节　新授课教学模式

一、新授课教学思想的理论基础

约翰·华生是美国一位重要的行为主义心理学者，也是一位杰出的教育家。他认为，人也是一台机器，受刺激反应规律的约束，心理活动的本质就是从刺激去研究响应，或者从响应去研究激励。新授课主要表现为导入，先提出一个与本节教学相关的问题或情境，通过一个问题或现象来激励学生，引起他们的好奇心，进而让教师对他们的行为进行控制与预测。

二、新授课的教学思想

在过去的几年中，通过高中数学新课程的教学实践，结合当前的新课程改革背景，笔者提出了一种适用于高中数学新课程的教学模式，它由导入、议论、讲解、练习和评价五个基本环节构成。在新课改的条件下，高中数学教育的思想有：数学模型思想、数学美学思想、算法实验思想、类比思维思想、哲学思想和道德思想等。以下将一一介绍。

（一）数学模型思想

对于任何一个数学问题，从构建一个数学理论体系到解决一个数学问题，其实都是一个建模与求解的过程。在这些模型中，所使用到的模型包括了函数模型、方程模型、几何模型、概率模型及不等式模型等。在数学模型思想中，建立模型是关键，求解模型是基础。

（二）美学思想

在数学课堂上，每个课堂上都存在着数学美的表现，只是表现的程度、表现的角度各不相同。如果在一门新的课程中，能够充分地体现出数学的和谐美、奇异美、简约美，那么，它将会给学生带来难以想象的好处。

（三）数学实验思想

数学实验，确切地说，就是利用现代计算机技术，对问题的求解进行仿真。在新的课程体系下，很多课程的内容都可以用计算机实验来实现，将信息技术运用到数学教学中，就是数学实验。通过数学软件MATLAB可以画出三维曲线（在教学中最常用的是几何画板），并可进行运算，如计算线性回归方程、相关系数、牛顿切线法、不规则几何图形的面积、体积以及多元线性方程等。

（四）类比思想

在数学教学中，类比性问题层出不穷，学了等差数列，可以类比学习等比数列，平面几何与立体几何的类比，椭圆的方程与双曲线方程的类比等。数学问题的类推推理，就是以两种或多种事物的某一种属性为基础，推论出该事物的其他属性。这是一种从两件事物的某一种性质相同的情况下，推导出两件事物其他性质相同的情况。

（五）哲学思想

在哲学中，存在着对立统一，整体与局部，综合与分析，有限与无限，离散与连续，归纳与演绎，模糊与精确，随机与确定性。西汉大数学家刘徽运用"出入相补""以盈补虚"的原则，对几何体的体积、面的面积等问题进行了求解，其中蕴含着深厚的哲理。

（六）德育思想

新课改既是对知识和文化的一种继承，又具有独特的教育理念。道德教育理念在文化传播中具有举足轻重的地位。我国古代优秀的数学家在研究的过程中，会提出一系列的数学问题并得出的结论对这些数学家的经历，及他们在研究过程中体现的精神进行介绍，可以对学生的情感态度与人生价值观进行培养。在高中一年级的教材中，引用了祖冲之在两个不同的时代所提出的一种求圆周率的方法。在新课程教学中，重视对学生情绪的培养，也是一项重要的考核内容。

三、高中数学新授课教学模式的分类与探讨

（一）新授课教学模式——启发探讨式

在具体的教学实践中，我们一般采用这样的教学方法。首先是导入新课，

在此环节中，往往要设计一个比较有意思的主题，来引起学生的兴趣。导入就像是一首钢琴的前奏，要吸引人。新课的导入，既要艺术，又要简洁，还必须科学。一般在教学中，教师可以采用案例导入法、温故知新法、情境导入法、设置悬念导入法等。

在引入新课之后，要引导学生去探索新知识，在这个过程中，教师要注重的是对学生思维过程的梳理和启发。教师自身要了解，培养学生灵敏的思维能力是高中数学教学最重要的意义，不但可以使学生获得思维拓展，还可以将数学思维方式带入现实生活中。所以，在高中数学课堂教学中，教师不仅要让学生了解到知识的应用，更要让学生了解到知识的原理，在循序渐进的过程中，在潜移默化的过程中，让学生的思考能力得到提升。例如，"弧度制"一课的教学，在研究时，教师会将研究任务分为以下两个问题。第一个问题，给定圆中心角度 a，其弧长和半径之比是否已知？第二个问题，弧长是不是和这个圆的直径有关系呢？在前两步完成后，指导学生进行下一步的探索和总结，如果教师在这个时候，只是把答案告诉学生，而忽视了推导与探究的过程，那么学生的思维就会受到限制，很难做到活学活用。在高中数学课堂上，探究活动是一个必要的环节，也是一个教师进行归纳和总结的重要环节。在教师的逐步指导下，学生可以找到知识之间的内在关系，从而在他们的头脑中形成相应的系统，并从系统中内化他们的思维方式，这就是我们的终极目标——提炼和归纳。如果学生可以在一节新授课中，对本节课的所学知识进行提炼与归纳，那么我们就可以说，学生已经将知识内化到了自己的大脑中，形成了一个完整的知识体系。此时，就需要给学生再一次提供一个巩固和应用的机会，给他们布置一定的任务，让他们在实践中去运用新学到的知识。

（二）新授课教学模式——结构教学模式

结构教学模式与启发性讨论式有一定的不同之处。启发探究教学方式更多的是注重对学生进行启发和指导，而结构教学方式更多的是注重构建性，更多的是注重在高中教育课堂中，学生的学习能动性。在这种模式下，教师的任务就是帮助同学们搭建一个知识网，把这些知识网形成一个方格。在实践中，我们更多地关注于如何进行知识的建构和沟通，这样的沟通既可以是学生间的沟通，也可以是教师和学生间的沟通。在这种交流中，老师要有一个比较完善的知识的结构，以便引导学生寻找和鉴别知识的一般性，并将这些思考出来的知识进行归纳、整理，最终成为一个概念。例如，在普通高中课程标准实验课本数学必修2第二章"2.2.2平面与平面平行的判断"中，在学习了直线与平面的平行的基础上，对平面与平面之间的位置关系进行了研究，判断思想是由"直线与直线平行"转化为"直线与平面平行"，再转化为"两平面平行"。该课程侧重于"平面平行"判定定理及应用，其难点是针对问题的特征，选择恰当的判定方式，并使用符号语言，准确地进行论证。由于总结的内容很多，所以很难让学生明白。利用结构教学模式，让学生先将直线与直线、直线与平面进行类比，再由学生提炼出知识结构，通过交流，再由教师进行指导，最后达到对知识的认识。通过类比，提炼，交流等方式，既能提高学生的参与性，又能使他们的知识构架更为牢固。

（三）新授课教学模式——发现式教学模式

与前两种教学模式相比，发现式教学模式更具趣味性，更适合用于一些比较单调的课堂。在运用发现式教学模式的时候，首先要为学生创设一个情境，让他们自己去体会，然后再提出一些问题，在这个过程中，教师要负责组织他们之间的交流，在交流的过程中要鼓励他们的猜测。最后，教师要在学生交流和猜想之后，引导他们进行论证。在学生和教师一起将知识论证完毕后，由教师带领学生展开对结论的运用。在这一教学模式中，教师要重视主动提出的问题，要注意每一个环节都要掌握在学生的手中，要满足他们的期望，让他们在特定的情况下发现问题，并基于问题进行独立推理，从而构建出知识框架。

（四）新授课教学模式——多种教学模式混合

新授课在教学环节中的重要地位是毋庸置疑的，但对于教师来说，在教学过程中也会遇到一些困难，那就是课时与教材内容之间必然会产生冲突。在教学过程中，课时总会出现稍显不足的现象。而上面所提到的教学模式，尽管有着很多的用途，也有着很多的好处，但每一个教学模式都需要耗费大量的时间。比如在讨论交流这一环节中，如果没有足够的时间，就无法得到有效的结论。但是，在实践中，如果教师对新课程标准有了更深层次的了解，教师就可以找到相应的解决方案。首先，教师要改变自身落后的教学模式和根深蒂固的教学观念。在传统的教育方式中，强调的是知识点的综合性，而新的教育方式则强调启发，很多知识并不是通过解释，而是通过引导和启发让学生掌握并灵活运用的。其次是要对教科书有充分的研究，一些教师习惯于使用以前的教学模式和方法，他们对教科书的理解并不充分，即使教科书已经更新了，他们也还在照搬旧教科书的老套方法。只有对教科书有了更深层次的理解，才能更好地组织并输出知识。在学习"集合"时，课本上有两节课，有两种探究方式。首先是启发式探究，比如，在军训之前，学校会发布一条消息："八月十五日晚上八点，所有高一年级的学生都会在体育场集合，接受军训。"在这里，我们经常使用的一个词就是"集合"，我们关注的是问题中的某个（是高一，而不是高二、高三）对象的总体，而不是单个的对象。因此，我们将学到一个新的概念：集合（宣布课题），也就是某些研究对象的总体。然后，我们采用了结构化的教学方式，对集和要素的特点、要素和要素之间的关系，进行了演绎、归纳和总结。

四、高中数学新授课教学模式的应用

（一）课程引入，揭示目标

在新教学中，引入的方法有很多种，就拿复习回顾式的引入来说。首先，我们对这一节课中需要掌握的重要知识进行了复习，采取直接向学生发问的方式，或者根据学生的实际情况，设计了几道典型的诊断性题目来复习。这种方法既可以为新知识的学习扫清障碍，又可以检查学生对前一节课所学内容的掌握程度。其次，在讲授主题时，可采用单刀直入的方法，或采用创设情境、结合实例的方法，来提高学生对主题的认识，从而达到提高教学效率的目的。

（二）学习新课，理解目标

学习新课不仅是完成课堂教学计划的一个重要步骤，而且关系到学生是否能够很好地掌握本节课的内容。本部分采用启发性教学法和结构性教学法相结合的方式进行，时间一般为15~20分钟。当学生对所学的内容有较深的理解时，老师就可以直接提问题，让学生拿着问题去阅读，然后教师再向学生提问，让他们自己去解答。如果所学的东西对大多数的同学来说都有一定的困难，不能独立地理解，那么教师就要给他们讲解这些知识。当然，在讲解重难点时，要重视启发诱导，做到层层推进，步步加深，豁然开朗，达到"山重水复疑无路，柳暗花明又一村"的境界。在英语课堂上，我们也可以运用相似的方式来加深学生对知识的了解与掌握。

（三）习题讲练，巩固目标

这是一个运用所学到的新知识来解决问题的一个时期，在这个时期，要注重学生的自学和老师的启发和指导，并要合理地运用讲练结合。教师不包办学生自己可以解决的问题，而是将它们大胆地交给学生，让他们自己去自学一些例题，也可以直接让学生板演相关练习题。对于有难度的练习题，教师要注重对难点的突破，不能唱独角戏，设计出几个小问题，对学生进行启发，并引导学生一步一步地往前走，让他们自己一步一步地走下去，这样才能做到深入浅出地解决问题，这是需要教师认真下功夫的。在这之后再给出相应的练习题，让学生进行巩固和检验。

（四）小结与作业布置

小结是对上一节课所学的东西的一种概括，它可以让学生对所学的东西再复习一遍。在课堂上，教师可以要求学生在课堂上进行归纳和总结，并在课后对这一节的学习进行再一次巩固，从而使学生更好地运用所学的知识。可以根据学生的情况，给他们布置必修课和选修课，这些选修课可以让他们利用学习上多余的时间去研究，这样可以让他们在不同水平上的发展，从而达到共同提升的目的。

第八节　复习课教学模式

在最近几年的教育改革中，核心素养已经成了一个重要的内容，它与传统的教育观念相比，更加强调了实用性和综合性，它可以帮助学生在学习过程中运用数学思维来分析和解决现实中的问题。而高中数学核心素养，又包含了数学抽象、逻辑推理、数学模型、数学计算等多个方面，它们都是学生在数学复习过程中需要具备的基本能力，对于学生在实际生活中灵活运用知识、解决实际问题起到了至关重要的作用。因此，在高中三年的复习期间，数学教师要注重对学生的数学逻辑思维进行训练，以便让学生在复习的过程中能够融会贯通，从而提高他们的数学基础的综合应用能力。

一、核心素养在高中数学复习课中的重要作用

在数学复习课程中，教师要运用基于核心素养的教学方式，引导学生综合运用数学知识，使其对各个章节的内容有一个明确的理解，从而建立起一个系统的知识网。因此，教师要完善数学复习课程的设置，紧密结合章节知识的教学要点进行教学设计，更好地促进学生对数学的探究和研究，如此，才能做到有重点有差别的复习。

（一）落实学生数学基础知识

在数学教学中，每一个知识之间都有其内在的联系，复习就是一个将每一个知识联系起来，并加以组织的过程。因此，数学复习课最重要的功能就是让学生夯实所学的基础知识和基本技能，让他们牢记理论知识，深化对基础知识的理解。同时，还要指导学生对知识进行系统、全面地整理、总结，建立一个完整、系统的知识框架，使学生对数学基本技能灵活应用。

（二）完善学生数学认知结构

高中数学知识是一个有机的整体，与各个章节的概念、定理及公式都有相应的结构关系，高中数学回顾课的目的在于对所学的内容进行整理、总结，从而让学生对所学的内容有系统化的、有条理的理解。但是，要培养好这种学习能力，就必须要有一个精心的教学过程，一个科学的教学过程。教师应遵循科学的教育理念，采取恰当的教学策略，做好复习课的教学设计，这样才能更好地发展学生的数学认知结构。

（三）提升学生综合思维能力

在对数学知识体系进行回顾时，以学习方法为重点，以培养思想为重点，将科学方法融入其中。首先，要打破知识点间的割裂，找到知识点间结构上的联结；第二，找出由构架关系构成的知识模组，对其进行全面的解析和扩展，从而构成知识网；第三，把知识块和知识网络相结合，以全局的观点来实现知识的综合运用，分层次不断提高学生的全面思考能力。

（四）培养学生数学核心素养

在学生的日常学习、复习及知识应用的过程中，高中数学核心素养的形成是一种渐近性、持久性和综合性的特征。所以，数学复习课的主要作用就是对学生的数学综合素养的提升，教师可以利用一堂有针对性的复习课，加强学生对数学的认识，使他们逐渐养成独立思考、主动钻研的良好习惯，这种方式既能够在问题的作用下，激发他们的数学思考与认识，又能够使他们的数学素养得到全方位的提升与发展

二、核心素养在高中数学复习课中的教学思路设计

要想在高中阶段的数学复习教学中，有效地营造出一个更好的课堂气氛，教师就必须要对自己的一些传统形式的复习教学课程的观念进行改革，这样才能让高中数学复习课程的效率得到更大的提高。教师也可以通过对教学方式的创新，来进一步丰富自己的专业知识和数学文化素养，从而更好地推动高中数学课堂教学的开展。

（一）注重对学生逻辑思维地进一步培养与提升

在高中数学教材中，对学生的思考转化提出了更高的要求，而此时的数学复习课，对于提升学生的整体学习水平具有十分重大的意义。对于原本就缺

乏逻辑性与创造性的人，想要在高三给他们上一堂数学复习课，无疑是一件非常困难的事情。所以，这样的学生，在数学方面要比一般人更加刻苦。在学生的数学学习过程中，若学生缺乏逻辑性与创造性的现象持续不断，将会对其整体的数学素质产生很大的影响，甚至会使其产生厌学、畏惧心理。因此，作为一位高中数学教师，一定要找到学生在数学学习中的薄弱环节，然后设计一套数学复习课程，让他们在数学的学习中，不断地突破自己的极限。首先，要提高学生对高中数学学习的兴趣，高中数学教师在进行"复盘"教学时，必须使学生认识到：高中的数学与我们的实际生活息息相关，学会了它，我们就可以更好地运用它来解决实际问题。例如，在高中数学的教学中，立体几何是一个比较困难的问题。同时，也有相当一部分的学生的数学抽象思维能力并不强大，在遇到立体几何时，他们很难注意到其中的某些变化规律。所以，当我们上"三维几何"的复习课时，我们可以用木棒、绳子、胶水等工具来帮助我们构建出一个真正的三维几何模型。在学生有了一定的基础之后，教师可以直接将重点的知识点展示给他们，然后让他们从不同的角度，仔细地分析这些线段和角度之间的密切联系，这样就能够提升他们对立体几何的最基本的立体抽象能力。

（二）注重学生自主复习能力的培养与提升

当前，高中阶段的数学复习，大部分都是以课堂上的复习为主，因此，学生在课后进行的复习的机会和学习的时间都相对较少，这也导致了这个时期，学生对一些重要的数学知识的记忆不够深刻。因此，在开设数学复习课的过程中，教师要为学生制订出一个合理的复习方案，让他们能够更好地记住知识。与首次讲解相比，数学复习课的展开要容易得多，这个时期的主要任务是对学生进行查漏补缺。所以，教师应该积极、主动地对高中阶段的数学学习能力进行培养，教师是一名辅导者，教师的作用是引导学生的知识盲区和没有掌握的部分，让他们能够在自己的能力范围内，持续地解决一些现实问题。例如，数学教师可以就下一节数学复习课所要讲解的内容，与学生进行交流，并让学生对此进行深入的学习，所涉及的内容主要为将课本中的知识和练习册中的某些题做完。在教师的指导下，使同学们能科学而有效地进行一门新课的学习。

（三）注重复习课的学习能力的培养与提升

在现代社会，要想取得较好的数学复习效果，就必须与他人进行合作，单凭一个人的能力，效率很低，而且学习效果也会比较差。所以，教师可将其科学地组织起来，进行相应的协作和交流，再利用学生的集体智慧来解决相同的数学问题，进而让学生在共同的努力下，逐渐提高复习的效率。除此之外，这种方式还可以为高中生提供一个更加科学的学习方法，进而可以使他们正确地意识到合作和交流在复习中的重要性。当然，教师在其中扮演着非常重要的角色，那就是组织调配、指导、控制。学生可以在课堂上进行互相讨论，可以有效地提高自己的复习能力，进而也可以与其他学生形成更为有效的合作关系。

总而言之，在当前的国内数学教育形势下，高中数学教师们一方面要充分地意识到，只有不断地跟上形势，与时俱进，才能使自己的整体教学水平得到提升和发展。另一方面，高中数学教师也应该构建出一个行之有效的高中数学复习课堂。首先，教师要重视提高高中生的数学综合能力，其次，要重视培养高中生自主学习的习惯，提高他们的数学复习能力，使他们在核心素养的指导下，不断地提高自己的数学水平，进而提高数学综合能力。

第三章

基于核心素养的高中数学教学创新模式构建

第一节　基于逻辑推理素养的高中数学教学模式

一、逻辑推理素养相关概述

（一）逻辑推理概念界定

"逻辑"这个词来自英语中的"logic"，最初的意思是思想、言辞、理性、规律等。"逻辑"这个术语最初出现于20世纪初严复的著作《穆勒名学》中，并被称为"逻辑学"。对于逻辑学的理解存在着广义和狭义的两个概念。在广义上，"逻辑"泛指思维的规律和客观规律，而在狭义上，"逻辑"仅仅是对思维规律的探讨。

法国哲人帕斯卡曾经说过，人就像是一条被风吹过的稻草，在大自然里是最脆弱的，但是，人却可以思考。而推理就是思维间接性的本质表现，它是从一个或者多个已知的前提出发，得出猜想或者结论的逻辑思维过程。周尚荣认为，"推理"的实质，就是根据人类大脑对客观事物间的内在关系所作出的反应，借由一种或数种判断，推论出下一种新的判断，从而达到由已知向不可知的逻辑过渡的思考方式。《吕氏春秋·察今》中说："有道之士，贵以近知远，以今知古，以所见知所不见。故审堂下之阴，而知日月之行，阴阳之变；见瓶水之冰，而知天下之寒，鱼鳖之藏也。"这正是推理作用的反映。

逻辑推理是数学学科的一个重要组成部分。在加拿大的课程文档中，学生在已经知道的或者假设的基础上得出一个新的结论就会产生"演绎推理"。在土耳其的教学中，将数学的逻辑推理视为特有的数学工具（符号，定义，关系等），以及思维技巧（运用归纳，演绎，比较等）。澳大利亚的课程将"逻辑推理"界定为"思考，分析，论证，评价，解释，推理，总结"等一系列逻辑思维和行动。

在《普通高中数学课程标准（2017年版2020年修订）》中，逻辑推理是六大核心素养之一。在课程标准中，逻辑推理的定义是根据某些事实和命题，推导出其他命题。它主要有两种类型：一种是由特而泛，以归纳和类推为主；一种是由一般推定到特殊推定，形式以演绎为主。课程标准对逻辑推理的概念界定，明确了逻辑推理的内涵和外延，并为研究者提供了逻辑清晰的分类。

（二）逻辑推理的分类

在数学这门学科中，逻辑推理是无可取代的。在数学的发展史上，很多伟大的成果，都是由数学家们在不断地尝试和验证的过程中获得的。

波利亚，一位著名的数学家和数学教育家，也持有类似的看法，他认为数学有两个方面，一方面，数学是一种很严谨的科学，在这一方面，数学是一种系统化的演绎科学；但是，从另一个角度来看，在创新的过程中，数学似乎更多的是一种实验性的归纳学。

在本节中我们将谈到的逻辑推理，包含演绎推理与合情推理。这两个概念上，高中课程标准对其进行了明确的解释：一种是合情推理，另一种是演绎推理，其中合情推理指的是以已经存在的事实为基础，以经验和直觉为依据，利用归纳和类比等方法，对一些结果进行推断；演绎推理是根据已有的事实（包括定义、公理、定理等）和确定的规则（包括运算的定义、法则、顺序等），按照逻辑推理的法则，对其进行验证和计算。合情推理和演绎推理在解题过程中既有不同的功能，也有互补的功能，而推导是为了确认某一结论而使用的。

1. 合情推理

在对合情推理的定义上，本书采纳了史宁中先生的观点，认为合情推理是以经验、概念为基础，依照一定的规律的推理。史宁中先生在《数学思想概论》一书中提出的"归纳推理"，其本质是波利亚所倡导的"合情推理"。从合情推理的定义可以看出，根据合情推理所得出的结论并非必然是对的。

目前对合情推理的分类主要集中在归纳与类比两个方面。根据史宁中先生的理论，本节将合情推理划分为三种类型：归纳、类比和统计推断。接下来，就这三个方面分别加以讨论。

（1）归纳推理

归纳推理是一种以个体为先决条件而得出一般结论的推理。归纳推理的先决条件是对个别事物或现象的一些命题，而结论是对这一类事物或现象的普遍命题，结论所判定的知识域远超过先决条件的知识域，因此，归纳推理的先决条件和结论的关系并非必然的。归纳推理是一种合情的或然推理，它的结论并不必然是正确的，它需要被证实或被否定。

史宁中在其《数学思想概论（第4辑）》中对归纳推理的定义是："根据经验、概念，依照一定的规律，将假设与结论结合起来，使其具有或然联系。"他认为归纳推理有独特的灵活性，可以根据事物的实际，对其过去或未来进行推断，而推断是人类可以创造的基本思维方式。归纳推理的本质是从过去的经验推断没有的经验，从事物的过去和现在推断其未来。

纽伯特和宾科把数理归纳与数理统计的规律与关系联系在一起。这一观点可回溯至波利亚的研究，即我们能够获得科学知识的一种自然推理。在数学教学中，他把归纳推理看作是一种由现象中找出本质，以逻辑方式找出规律的方法。波利亚指出，归纳推理是一种方法，它包括四个阶段：特殊案例的经验、猜想的制定、猜想证明和新的特殊案例的验证。

在数学中，根据研究对象的完整性，归纳法可以被划分为完全归纳法和不完全归纳法。完整归纳法是一种以某一类事物为基础，并由此得出该类事物为此类的一般结论；不完全归纳法是一种以某一类事物中某一特定对象的某一特性为基础，进而推导出这一类事物全部为该特性的一般结论的一种归纳推理方法。

归纳推理是一项非常重要的数学教学内容，在学生的学习过程中起着非常重要的作用。

（2）类比推理

"类比"一词的一个本义是"比例"，起源于希腊文"analogia"。类比推理指的是从个别性的前提中得出个别性的结论，或者从一个普遍的前提中得出一个普遍的结论。类比推理被看作类似现象的根据，而其他逻辑学著作则把类比推理看作一种特殊的归纳推理。但是，两者又有不同之处，我们应当将其视为一种特殊的非演绎推理。

它的本质是以两个类为基础的推理，从本质上来说，它实际上是对一个类中事物的性质的推理，只不过在推理的过程中参考了另一个类的有关性质。类比是一种重要的研究方法。如果我们观察到两种或两种不同的事物，在许多性质上是相同的，那么我们就可以推断出它们在其他性质上也是相同的，这就是类比法。

在此需要指出的是，此处的类比并不是对两种事物的属性进行对比，而是将一种事物的已知属性作为参考，从而得出另一种事物也具有类似的属性的结论。类似于归纳，从类比中得出的结论并不必然是对的。

相对于归纳推理和演绎推理，类比推理在思维取向上呈现出从个别到个别，或者从一般到一般，它的应用领域更加宽广，并且它的结论受到前提条件的限制较低。开普勒是一位伟大的天文学家，物理学家，数学家，他曾说过："我珍视类比胜过任何东西，它是我最可信的老师，它能揭示自然界的秘密，在几何学中，它应该说是最不容忽视的。"

类比推理的结论范围超过了前提，也就是不为前提所覆盖。因此前提为真时，结论也可能是假的。所以，类比推理是一种或然性推理。在具体运用类比推理时，要使类比的前提条件中尽量增加相似特征的个数；其次，在前提中所证实的同性质应该尽量是事物的本质属性；最后，在前提中所证实的同一种性质与在结论中所推出的性质要有关联，不可无关。正是由于类比推理的结论超出了假设的范畴，才能给人们带来新的认识，才能对人类社会的发展起到积极的推动作用。类比推理既是人类认知的一种方式，又是一种创新思维的一种重要方式，在科学发展史上，很多发明创造都是通过类比推理来实现的，同时它也是人类证明和说明的一种重要方式。例如，类比推理原理在现代科技发明中得到了很好的运用，"近代仿生学"就是以类比推理的原理为基础的，例如，看见燕子的飞翔，就会想到设计滑翔机；看见鱼的浮沉，就会想到设计潜水艇；看见蚕吐丝，就会想到发明人造丝工程等，这都是工程科学上的大发明。在数学研究中，经常使用的类比包括数与形的类比、特殊与一般的类比、平面与空间的类比、有限与无限的类比等，例如，通过对三角函数的研究，可以对相关图形的性质进行探索；通过对圆的研究，可以对空间中球的相关性质进行类比。

（3）统计推断

我们经常关注的是是否有可能的结果，但在实际生活中，有许多事情，结果的发生并不具有必然性，而只是有一定的可能性。例如，商品价格和住房价格，传染病的传播，疾病的诊断等。在这类事件中，有没有某些后果，或有多少后果，并不具有必然性，而具有一定的可能性。很明显，这样的思考方式与古典的基础数学相悖，在传统的数学教学中，教师要求学生数学是严谨的，数学中的命题要么是对的要么是错的，即命题必须遵循排中定律。但在实际生活中，"发生"与"或然"的推理却有着重要的实际意义。举个例子，尽管大家都知道坐公交车可能会出事，但还是选择坐公交车，原因就是大家都认为自己不会出事。这个推论，被称为统计推断。统计推断，就是从一个类别中推论出所有类别，所有类别中包含属性。

许多教师对统计推理的归纳性认识不足。史宁中着重指出，在统计推断方面，由于很多教师并未认识到，统计学实际上是研究随机、不确定的事物或现象，是根据现有的资料，经过筛选后，再作出决定，可以说是由局部推论整体，所以，统计推断实质上是一种归纳式的推断。可以说，到目前为止，数学家们最擅长的就是归纳推理。

2. 演绎推理

"演绎"来自拉丁文"deductio"，意思是"推导"或"延伸"。在传统的逻辑学中，演绎推理是由一般向特殊的推论，即由一般的假设，经过推导，得出个别或特定的结论。因为它是一个从普遍到特殊的思维过程，它的前提必须包含一个结论，所以它的结论必须是正确的，也就是说，它是一种必然性的推理。

克拉琴斯基和纳拉西姆指出，"演绎推理"是由"一般事实或前提"引申出来的一种在逻辑上具有必然性的推断。唐云廷把"推理"分为三个阶段，即前提、结论和推理式三部分。先决条件是已有的判断，也就是已有的知识；结论是推出的判断，即推出的新知；推理式是一种将前提和结论联系在一起的逻辑关系。史宁中将数学中的演绎推理定义为"按照某些规定了的法则所进行的，前提与结论之间有必然联系的推理"。

演绎推理是一种最基本的数学论证表达方式，它在高中数学中得到了很好的反映，不管是教材的安排，教师的课堂教学，还是学生的解题，都会涉及演绎推理，因此，在数学的教学与学习中，应该给予足够的重视。三段论是数学中最常用的一种，也就是从两个不同的判断中，推导出另一个不同的判断。杜瓦尔就曾提出，只有演绎推理才能被看作是"数学逻辑"。他认为，只有这种推论才能把数学知识的认识价值从可能性变成现实。

因此，演绎推理是在假设和定义的基础上，根据某种规定了的规律所进行的，前提与结论之间有必然联系的推理。又由于数学学科的特性，通过推理得出的结论一般可以分为两类，一类是表达为一个命题，另一类是一个运算结论。所以，在数学中，推演的过程，大致可以分成两种，一种是命题，一种是运算。

3. 演绎推理与归纳推理的区别和联系

演绎推理与归纳推理是两个不同的概念。首先，就思维的发展而言，演绎推理以普遍性原理为先决条件，由普遍性到个体性是推演推理的全部过程；而归纳推理则以个体为先决条件，由个体向普遍进行推理。其次，在演绎推理中，"前提"的意义包括"结论"，即"前提"对"结论"的限制。但在归纳推理中，前提的意义并不包括结论，即结论的意义在前提的范畴之外。最后，在演绎推理的前提和结论之间，存在着必然性，如果前提是正确的，推理过程没有错误，那么结论就一定是正确的；而在归纳推理中，前提和结论不是必然联系的。

归纳推理和演绎推理是相互关联的。无论是演绎推理还是归纳推理，都是人们对客观事物的认知过程中必不可少的一环，如果缺少了其中的一环，就无法实现对事物的认知。并且，在人们的认知过程中，演绎推理与归纳推理是相互联系、相互补充的，如果没有归纳推理，就不会有演绎推理，与此同时，归纳推理的结论又要依赖于演绎推理来进行验证。

在史宁中看来，数学成果是通过归纳推理来"预测"的，而通过演绎推理来"验证"的。演绎推理是一种以"理念"为基础、以"形式"为目的的推理；归纳推理则以"事实"为基础，以"实用"为其价值取向。莫里斯认为，归纳与演绎是数理推理的补充，而一个成熟的数理推理，必须从本质上了解归纳结论的不确定性，演绎论证的必然性与充分性，以及各种论证与推理的补充功能。

二、高中生逻辑推理素养的影响因素

影响高中生逻辑推理素养主要因素有以下四个方面。

（一）情境与问题

情境和问题方面的设计水平对学生逻辑推理素养有直接的影响。正面影响的因素包括：教师重视对学生的常见逻辑用语的教导；教师指导学生找出缺少的条件，从而得出结论。对学生学习有负面作用的主要表现为：在课堂上，教师常常以情境问题为切入点，以导入学生的逻辑思维，如果情境问题有偏差，则会误导学生。另外，在教学过程中，教师要注意指导学生找出结论所需要的条件，还要对学生进行数学表达的训练。

（二）知识与技能

为了使学生更好地掌握逻辑思维，教师常常会根据学生掌握知识的实际情况设计教学导入，引导学生进行逻辑思考。对其产生负面作用的主要表现在：在教学过程中，教师对学生数学表达能力的引导不足；教师让学生理解怎样从条件中得出结论，但可能最后是教师自己完成的而不是学生。

（三）思维与表达

思维与表达方面的水平对学生造成积极影响的因素包括：教师对学生的解题和证明定理的过程进行规范；在解决问题时，要注意"举一反三"的方法和技巧；让学生从多个角度去理解数学问题。对学生学习成绩有负面作用的主要表现为：对问题设置与结果的关注；教师强调学生能熟练地掌握数学定理而忽略知识产生的过程。所以在教学实践中，教师要重视对学生"举一反三"的推理和证明能力的训练，要重视知识的生成。

（四）交流与反思

沟通和思考能力对学生的逻辑思维能力和思维能力的有显著的正面作用，主要表现为：教师重视对学生"求同存异"的思考能力的培养，让学生深入交流与反思形成心灵碰撞，产生新知识的共鸣。其负面效应主要表现在：对"异中求同"的思维方式的流于形式，没有做到深入交流与反思。

三、基于逻辑推理素养的高中数学教学策略

（一）创设问题与情境，培养逻辑推理素养

在传统的教学中，为了培养学生的推理能力，常常只是强化了对逻辑证明的练习，而这种训练是以做练习为主，限制了学生逻辑推理的发展。因此，新课改提出了"以多元思维为核心，以多元思维为中心"的教学理念。培养学生在各种数学活动中的逻辑推理能力。教师要深刻理解课程标准的要求，根据学生的逻辑推理素养的培养目标，在课堂上拓展出更有效的、多样化的活动方

式。将所学过的数学事例与生活中的问题情境相结合，展开数学逻辑推理的教学，可以帮助学生更好地了解推理的方法，并在不同的推理过程中，让学生对数学推理的传递性有更深的了解。借由数理例题，让学生了解几种常见的数理论证方法，并了解其在数理及日常生活中的实用意义。此外，还可以利用数学史、其他领域的典型事例和典故，让学生更好地理解公理化的含义，更好地理解公理化思想在数学、自然科学及社会科学中的应用。在教学过程中，教师根据自己的情况，因材施教，从生活中发掘出大量的推理材料，把理论知识和现实生活联系起来，这样既能让复杂的数学原理变得通俗易懂，又能增强学生运用数学知识的能力，让他们在手脑结合中通过观察和归纳总结出自己的结论，进而提升他们的逻辑推理能力。

（二）重视知识与技能训练，把握基础知识教学

在这次的调查中，我们看到了在数学逻辑推理的教学中，学生的知识和技巧都有很大的滞后，因此，我们应该制订相应的策略，并对其进行及时的提高。毫无疑问，在学习的过程中，学生的能力也会得到提高。因此，在高中数学教学中，教师要将基础知识、基本技能教学与学生逻辑推理素养的培养有机地结合起来，将逻辑推理思维方法融入基础知识、基本技能的传授中。具体地说，就是把理性知识转换为具有形象感的感性认识，在感性认识的基础上，再经过分析、推理、验证和归纳等思维活动，对数学材料进行恰当的处理，从而形成一个理性的判断。这正是学生逻辑思考能力的形成过程。例如，在让学生理解"线面垂直判定定理"这一命题的时候，教师可以让学生以"平面外一条直线与该平面垂直"的字面意思为依据，在大脑中先构建出一个立体图像，之后再逐步讲解推理过程、运用作图证明等方法，让学生在这个基础上，进一步形成一个理性的认知，从而将"线面垂直判定定理"这个命题的实质含义完全掌握。另外，在学生对命题的理解发生偏差的时候，教师要及时地进行纠正，帮助他们重新整理推理的思路，找到逻辑上的错误，直到他们能够理解和掌握正确的逻辑推理过程，以此来提高他们的逻辑推理素养。

知识与技能的教学，是学生学习数学知识，尤其是数学逻辑推理能力的重要一环。只有将每一个知识内容都掌握好，并掌握每一种思维方式与解题技巧，学生的素养水平才可以稳步提升。根据数学的学科特征，将注意力集中在数学的逻辑体系上，把握好内容主线与数学知识之间的联系，注重数学的实践

与数学的文化。例如，在开展函数应用的有关教学时，教师应该将与本主题有关的内容作为一个整体来看待，引导学生从变量之间的依赖关系、实数集合之间的对应关系、函数图像的几何直观等角度来全面地认识函数的概念。通过对函数的单调性、周期性、奇偶性、最值等特性的梳理，对函数的全局特性有一个全面的了解，并体验如何应用函数知识来解决实际问题。在开展指数函数教学的时候，要引导学生经历从整数指数幂到有理数指数幂，再到实数指数幂的拓展过程，这样才能真正地掌握指数函数的运算法则和变化规律。在对数函数的教学中，将具有相同基数的指数函数与对数函数（例如，$y=2x$和$y=\log 2x$）进行对比，使学生认识到两者之间是相互逆函数。让学生了解命题、定理之间的规律，探索并比较它们之间的逻辑关系，探究相关概念、性质、命题、定理、公理的内涵。

（三）关注思维与表达，经历推理思维探索过程

在对数学逻辑推理问题进行探索的过程中，让学生亲自体验到用合情推理来发现结论、用演绎推理来证明结论的整个推理过程，体会到解题过程中所牵涉的基本思想，从而积累起数学活动的经验，这对提升学生的数学逻辑推理素养有很大的帮助。所以，教师要擅长对数学推理过程进行处理，指导学生多经历、多参与这样的探索活动，在探索的过程中培养他们的推理能力，提高他们的推理素养。

（四）及时进行交流与反思，将逻辑推理贯穿整个数学教学过

对逻辑推理素质的培养应该是在数学教学中进行的，它的内涵主要有如下几个层次：第一，将数与代数、图形与几何、概率与统计、综合与实践等内容贯穿起来；第二，要把它贯穿于整个数学教学活动的各个环节。比如，在进行函数概念的教学中，让学生经历一个以特定对象的本质属性作为出发点，抽象、概括形成概念的过程，并引导学生有条理地表达函数概念的定义。在命题教学过程中，要使学生区分清楚条件与结论，把握它们之间的逻辑联系；在证法的教学过程中，要引导学生遵守证法，运用数学推理来证明一个数学结论。第三，将预习、复习、课堂授课、自学、测验等贯穿于整个数学教学过程中。师生们经常会忽略交流与反思这一点，他们对自己教过、学过的知识缺乏交流与反思，时间一长，就会产生难题堆积，最终导致知识体系崩溃。为了防止这一现象的出现，每次上课结束后，教师都要和其他教师或者学生就这一节课的

问题进行讨论，并加以解决；学生要有一种习惯，就是在课堂后进行反思，发现问题，解决问题。交流和反思的过程，就是整理和回顾所学知识，建立知识框架的过程，更有利于培养学生的逻辑推理素养。从以上一系列的分析中，我们不难看出，数学核心素养是一种逐渐形成的思维模式，与数学知识有着密切的联系。在高中数学教学中，教师有系统地对学生进行逻辑推理能力的培养与发展，这是使数学教学得以顺利进行的一个重要环节。这既要有清晰的整理，又要有长久的投入，还要有对教材的深入挖掘，教师在课堂上始终坚持以"多观察、多思考、多探究"的原则来指导学生的数学学习，并试图在原有的教学策略上进行创新，从而既能提高学生的学习兴趣，又能提高他们逻辑推理的积极性和主动性。对高中生进行数学逻辑推理能力的培养具有十分重要的意义。所以，在课堂教学中，教师必须注意这一点，并采取适当的策略。

第二节　基于数学抽象素养的高中数学教学模式

一、数学抽象素养相关概述

（一）数学抽象

抽象有两层意思，一层意思是形容词，指的是脱离了人们对事物的具体体验和普遍认识，比较空洞，没有意义，形容事物的难懂程度，跟"具体"是相反的；二是用作动词的，是从具体的事物中抽取、概括出其共同的方面、本质的属性与关系等，而抛弃非本质的方面、属性与关系的思维活动与思维过程。而本书所探讨的"抽象"属于后一类，它代表了对事物进行概括、分离、提炼的过程。

数学抽象，指的是从数量与数量关系、图形与图形关系中，提取出数学概念，并将这些概念与它们之间的关系联系起来，将它们与具体的背景相结合，提炼出一种事物的一般规律和结构，并用数学语言进行适当的表达。基于"抽象"这一概念，对于"抽象"的方法分类和"抽象"的过程归纳，各有各的观点。

1. 强抽象

强抽象也被称为"增强式抽象"，它是用增加新的特性或属性来强化原型的抽象，因此，新的理念或理论就成了原型的特殊情况。相对于弱抽象而言，强抽象类似于一种演绎推理，遵循由普通到特别的规律，基于强抽象所得到的新事物，其内容或结构将更加充实，而其外延将缩小。类似地，我们可以从数学史上找到一些很好的抽象性的实例。例如，在19世纪早期，波尔查诺正确地定义了"连续性"，并意识到了"连续"和"不连续"之间的不同，他把"连续"和"不连续"两个概念结合在一起，使"连续函数"成为一种特殊情况，而不是一种函数；"可微函数"是魏尔斯特拉斯提出的一种新的定义，它是一种连续的，但在任何情况下都是不可微的。在此基础上，提出了一种新的、经过映射和操作后产生的新的特征，并以此来增强原型，进而获得更为具体的概念和结构。

2. 弱抽象

徐利之在其著作《数学抽象方法与抽象度分析法》中，将"弱抽象"称为"扩张式抽象"，也就是对一个原型的一个特点或一个方面进行更多的抽象化，以得到一个更为普遍的概念和理论，此时，这个原型就是普遍的概念和原则的一个特殊例子。弱抽象是一种由特到普的规则，是一种类似于归纳推理的过程。通常情况下，由"弱抽象"产生的新的数学对象，其概念的外延扩大，内涵减少。

弱抽象是一种非常普遍的概念演化过程。比如，关于函数的概念。起初，数学家们对函数的定义是"由其他的量通过代数运算而获得的"，这明显是片面的，但现在看来，这一定义似乎只适合于代数函数。随后，欧拉定义了函数这一概念，它是"以任意方法将一个变量和几个常量结合在一起而得到的一种分析形式"。19世纪以来，狄利克雷对函数的"对应说"进行了重新界定，并对其进行了新的界定。

一般而言，弱抽象的原型是一类具有更丰富和更完备结构的数学对象，可以对其进行分析，从中提炼出共性的本质特性，进而利用归一化的方式构建更具普遍性的新概念或新结构。

3. 数学抽象的基本过程

要想培养学生的数学抽象素养，必须了解学生在学习过程中是如何展开数学抽象的，只有这样，才可以将教学过程与学生的学习过程相结合。从数学的研究对象上看，数学的抽象可分为两个时期：一是以真实为基础，将真实世界中的一切与数学相关的事物抽象为数学本身；第二个层次是以逻辑思维为基础，向更深层次发展的过程。简而言之，第一个层次是由实入虚，而第二个层次则是由虚入实。在抽象学习的各个阶段，教师要针对该阶段的抽象特征，制定相应的教学方案。对于初次接触抽象的学生来说，抽象是一种新事物，较难理解，不易把握。万事开头难，这一学习过程就像是一扇通往数学的大门，教师要对这一阶段的教学进行仔细的组织和设计，为提升学生的数学抽象素养打下良好的基础。

更详细地讲，数学抽象的过程可以划分为三个阶段。一是简明期，这是指从事物的本质出发，将复杂的问题简化，使之有条理地表述出来；二是象征性阶段，去除事物的特定内涵，以象征、关系等词汇来表达被简化了的事物；三是普遍性阶段，通过假定、推理，构建出一种对某一事物的特性、规律进行概括的规则或模式。这三个层面之间相互联系，而后者又以前者为基础。对于一个具体数学概念的抽象过程，通常要经过"具体实例—共同特征—概念符号—性质关系"这一抽象过程。数学概念的学习是数学抽象化的一个重要表现，而数学抽象化是数学抽象化的一种表现形式。所以，教师应当将对数学概念的抽象过程进行重点的教育，让学生能够不断地积累数学抽象的经验，让他们拥有更多独立思考、锻炼数学抽象能力的机会。

（二）数学抽象素养

1. 数学抽象素养的概念

在六大核心素养中，数学抽象排在第一位，它对学生的数学学习和思维发展有很大的影响。史宁中指出，数学的本质是一种抽象化的事物，其发展的基础也是抽象化。

在新的历史条件下，数学核心素养是发展素质教育的一种体现。为了与时代的要求以及学生的发展相适应，教育部和相关研究人员正在加紧对不同学段的数学核心素养的具体内容进行研究，制定出核心素养的学科结构体系，推动课程的改革与建设。

在众多的数学思维中，数学抽象思维是最为基础、最为关键的一种思维，无论是在学生的日常生活中，还是在学习发展中，都具有不可替代的作用，具有十分重要的意义。在实际生活中，利用数学抽象，能够使学生从具体的事物中提取本质，排除无关的因素，得到自己需要的信息。而在数学学习的过程中，数学概念的形成、数学命题的证明、数学法则的应用，都与数学抽象思维密不可分。这是由于数学核心素养是一个具有独立性和互补性的有机整体。比如"数学建模"品质，就是把现实中的问题抽象出来，用建立模型的方法去解决问题。这就要求我们在教学过程中要重视对学生的数学素养的培养。数学抽象素养是六大核心素养之首，我们要注重对学生的培养，让他们掌握抽象的规律与方法，这对学生未来的现实生活与数学学科的学习有很大的帮助与价值。

《普通高中数学课程标准（2017年版2020年修订）》明确规定："数学抽

象性是指学生在数学学习过程中，通过对数理关系和空间形态进行抽象化，从而获得所要学习的数学对象的能力。"经过高中数学课程的学习，学生可以在情境中对数学概念、命题、方法和体系进行抽象，从而积累由具体走向抽象的活动经验；在日常生活与工作中，培养对问题的一般思维，抓住事情的实质，化简单为复杂，用数学的抽象化思想去思考和解决问题。数学抽象素养主要体现在以下几个方面：获得数学的概念和规则；提出数学的命题和模型；形成数学的方法与思维；认识数学的结构与体系。

2. 数学抽象素养的水平划分

新课标根据处理问题的难程度，从情境与问题、知识与技能、思维与表达、交流与反思四个方面，对数学抽象素养进行了三个层次的水平划分，并对每个水平做出了具体的表现，如表3-2-1所示。一级，二级，三级，分别是高中毕业要求，高考要求，以及拓展要求。

表3-2-1　数学抽象素养的水平划分

水平	表现说明
水平一	可以在自己所熟悉的情况下，对数学的概念和规律进行直接抽象，可以根据特殊情况进行归纳和构造出一些简单的数学命题，还可以模仿所学过的数学方法，来解决一些简单的问题。可以对数学概念、规则的意义进行说明，对数学命题的条件、结论有一定的认识，并能在熟悉的情况下对数学问题进行抽象。能运用数学语言进行推理与证明；通过解决类似的问题，可以领悟到数学的一般规律，感受到数学的思维。在交际时，把有关的抽象概念与真实情况联系起来
水平二	学生可以从相关的情境中提取普遍的数学概念与规律，可以把已有的数学命题扩展到更为普遍的情境，可以在新的情境下选择并使用数学方法来求解问题。能用适当的实例说明数学中的抽象概念及规律；了解数学命题的条件和结论；能了解并建立相关的数学知识。能理解概念、规则、推理和证明，并用数学的语言表达；对某一类问题，能提炼出数学方法，并能领悟其背后的数学概念。在沟通时，能用一般的观念来解释特殊的现象
水平三	能把数学问题抽象出来，并用适当的数学语言表达；能根据所得出的数学结论，提出新的命题；能应用或创新的数学方法来解决特定的问题；可以通过数学对象、运算或关系了解数学的抽象结构，可以了解数学结论的一般性，可以体会高度概括、有序多级的数学知识体系。在实际问题中，能掌握所要研究对象的数学特性，并将其用精确的数学语言加以表述；在此过程中，可以体会到"自然"与"数学"之间的关系，以及它所包含的数学理念。在沟通中，能运用数学的原则，对自然、社会现象进行说明

（三）相关概念辨析

要理解一个观念的意义，仅对这个观念进行理解是不够的。要发现其实质，常需进行对比辨析。在以往的研究中，我们常常把抽象与概括混为一谈，把素养与素质混为一谈。而在对有关概念进行比较和辨析的过程中，我们可以对概念本身有更深刻的认识，对不同概念的侧重点有更多的了解，进而使我们的研究方向变得更明确，让我们的研究内容变得更具体、更深入。以下就是笔者对这一部分中所涉及的几个概念进行的比较和辨析。

1. 素养与素质

素质是指一个人在社会生活中所具备的一种观念、一种行为。在社会上，素质一般是指一个人的文化水平，身体健康程度，惯性思维能力及职业技能所达到的程度的综合反映。在心理学中，素质是指人所具有的某些与生俱来的特性，它是一种与生俱来的品质，也就是一种与生俱来的品质。

素养指的是在工作中通过训练、练习而形成的一种技能、一种能力，它是指在工作中应该具有的一种品质、一种修养。它是人品、知识、才能等各方面先天的条件，以及通过后天的学习锻炼而产生的一种综合的产物，是知识与技能、价值观和情感的综合体。通过对素质和素养的描述，可以发现二者有一定的相似性，都是指个体具有的相对固定的素质和能力。但这两个概念的侧重点不同，其区别在于：素质更具体，影响个体进行活动时各方面的质量和状态，而素养更全面。"质"是指人的外在表现，"养"是指人的内在品质。从另一个角度来说，素质是通过情境获得的，而素养则是通过情境选择和建构获得的能力。

2. 抽象与概括

抽象和概括是两种思想，一种是通过对一件事情的共性来揭示它的本质。人们经常把抽象和概括放在一起，但实际上这两个概念的侧重点是不一样的。抽象化是一种思维方式，它把某一种事物概括为一种普遍的本质属性。概括是一种将单个事物所具有的一般性质加以归纳，并将其归纳为一种普遍性质的思维方式。

从定义中我们可以发现，抽象和概括之间存在着不同之处，抽象可能只涉及一个对象，而概括一般涉及一类对象。对同一种事物，从不同的视角去考察，就会抽象出不同的特征。而概括则要从众多事物中找到共性。抽象强调分析提炼，概括强调归纳总结。两者相辅相成，密不可分。只有在抽象的基础上，才能进行概括，没有抽象，就不能进行概括。抽象包含着一般化，一般化也依赖于抽象化，它们的目标都是要揭示出事物的实质。很多数学观念都是通过对一种类型的多个对象的观测和分析，把被研究对象的本质抽象出来，然后概括总结出它们的共性。

3. 抽象与迁移

所谓迁移，指的是学习迁移，就是一种学习对另一种学习的影响。学习通常都会受到已有知识的影响，都会有迁移，迁移是继续深入学习的条件。迁移的层次主要取决于所学内容中的共性元素，而这些共性元素必须经过抽象化才能获得。所以，一般而言，较高的抽象性与较高的迁移程度有关。

4. 数学抽象与其他核心素养的关系

素质本身就具有综合性，所以，在数学核心素养的六个方面之间，它们是相互关联的，共同组成了一个整体。在形成某一个核心素养的时候，通常需要其他素养的配合和支持。比如，数学抽象往往是以合理的逻辑推理为基础，而数学模型又是以数学抽象为基础的。虽然数学核心素养是一个有机的整体，但是这个有机整体却是相对独立，各有侧重的。不同的学科内容所反映的是不同的学生的核心素养，而与之相适应的数学素养则是由其自身的特性所决定的。比如，直觉的想象力以图和几何为主，而资料分析则以统计和概率为主。

二、高中生数学抽象素养的影响因素

（一）数学抽象素养四个方面的主要影响因素

1. 数学抽象素养的方面一：情境与问题的主要影响因素

对学生进行数学知识架构的辅导，可以让他们对数学概念的内涵有一定的了解；让学生对题目类型进行总结，可以使他们的数学推理能力有一定的提高，使他们运用数学知识来解决实际问题的意识也有一定的增强；对他们进行从实际问题中提取出数学模型的培训，着重渗透函数思想，指导学生探索开放性的数学问题，指导他们掌握数学抽象思想，可以有效地提高高中生的数学抽象素养中的第一个方面的能力。其中，对学生进行数学知识架构的指导，帮助他们掌握数学概念的内涵，对提升他们的数学抽象素养起到了非常重要的作用。

培养学生化繁为简的思维模式，指导学生掌握数学抽象思想，培养学生独立分析和解决数学问题的习惯，指导学生掌握数学概念的外延，要求学生掌握数学定理成立的条件，这对学生的数学抽象素养的第一个方面的能力的发展具有反向的影响。

2. 数学抽象素养的方面二：知识与技能的主要影响因素

在教学中注意"留白"，引导学生理解数学抽象方法、把握数学概念的内涵、把握数学定理、把握数学抽象思维、构建数学知识等，从而提高学生在数学抽象素质方面第二个方面的能力。其中，指导学生掌握数学概念的内涵，对提高高中生数学抽象素养第二方面的能力起到了很大的推动作用。指导学生掌握概念的外延，引导学生进行数学公式的推导，要求学生掌握数学公式、定理成立的条件，指导学生掌握数学抽象方法，这对学生的数学抽象素养的第二方面的能力的发展起到反作用，对学生进行数学公式推导起着反作用。

3. 数学抽象素养的方面三：思维与表达的主要影响因素

重点是变式练习的设置、"有效留白"、函数概念的渗透、培养学生运用数学知识解决实际问题的意识、对数学定理的适用范围的要求，可以提高学生在数学抽象性的能力。在这些内容中，提升学生运用数学知识解决实际问题的意识，对高中生的数学抽象素养的提升起到了较大的推动作用。

对学生展开数学公式的推理工作，对学生的数学抽象方法进行指导，对学生化繁为简的思维方式进行培养，对直观素材的应用给予足够的重视，对数学概念的外延进行指导，对数学问题的解决给予足够的重视，都对学生的数学抽象素养的第三方面的能力的发展起到了反向的影响，对学生所需的数学表达式的适用性有很大的反作用。

4. 数学抽象素养的方面四：交流与反思的主要影响因素

对数学定理和公式的适用范围、题型进行归纳，培养学生运用数学知识解决实际问题的意识，对类似的数学问题进行一般化，注意"有效留白"，对学生数学抽象化素养的第四个方面进行了全面的提升。在阅读教学中，引导学生归纳出题型，注意"有效留白"，是提高阅读教学效率的重要途径，对学生化繁为简的思维进行培养，对学生寻找数学概念的实质进行训练，对传统的数学方法进行改良，将逆向促进学生的数学抽象素养的第四方面的能力的发展。

（二）数学抽象素养三个水平的主要影响因素

1. 数学抽象素养的水平一的主要影响因素

重视变式培训，重视构建数学知识架构，重视"有效留白"，引导学生把握数学抽象观念，把握数学概念的内涵，要求学生把握数学定理的适用范围，引导学生了解数学抽象化的方法，可以提高学生初步理解数学抽象素养的能力，在此过程中，重视构建数学知识架构，把握数学概念的内涵，能起到很大的推动作用。

培养学生化繁为简的思维，引导学生掌握数学抽象方法，理解数学概念的含义，理解数学概念的外延，理解数学公式，理解数学抽象思想，可以促进学生的水平一的能力发展。

2. 数学抽象素养的水平二的主要影响因素

重点是变化较多的教学，重点是"有效留白"、对数学定理的适用范围、对题型进行归纳、对数学推理能力的培养、对函数思想的渗透、对数学概念的内涵和数学原理的理解、对运用数学知识来解决实际问题的认识等方面进行了探索。在这些过程中，可以帮助学生对题型进行归纳，从而提升他们运用数学知识来解决实际问题的能力，并引导他们把握数学概念的内涵，对他们的学习能起到很大的推动作用。

指导学生掌握数学概念的外延，培养学生化繁为简的思维方式，重视使用直观素材，引导学生经历数学公式的推导过程，培养学生独立分析、解决数学问题的习惯，要求学生掌握数学公式成立的条件，训练学生找到数学概念的本质，传授经典数学方法，这对学生的水平二的能力的发展有逆向作用。在这一过程中，引导学生进行数学公式的推导具有很大的逆向效果。

3. 数学抽象素养的水平三的主要影响因素

对学生进行从现实问题中提取数学模型的训练，注意"有效留白"，对学生对数学定理的适用范围有一定的了解，注意对函数概念的渗透，注意对类似的数学问题的一般规律和方法的提取，注意对开放的数学问题的探究，注意学生对数学抽象化的理解，可以使学生对第三级的能力有所提高，其中注意"有效留白"具有很大的推动作用。

指导学生数学抽象方法，着重于解决数学问题，指导学生数学概念的外延，指导学生数学定理成立的条件，培养学生化繁为简的思维方式，传授传统的数学方法，可以促进学生的水平三的能力的发展。

综合来看，"提升学生运用数学知识解决实际问题的意识""注重有效地留白""指导学生掌握数学概念的内涵""指导学生构建数学知识框架""帮助学生总结题目类型""引导学生经历数学公式的推导过程""要求学生掌握数学公式成立的条件"等是对高中生数学抽象素养产生较大影响的主要因素。

三、基于数学抽象素养的高中数学教学策略

（一）教师要在教学中体现数学抽象

数学抽象的学习往往是一种潜移默化的过程，但是，教师不能无意识地去教，而应有目的地把数学抽象的过程表现出来，让学生能够运用数学思维来对问题进行思考，从而提升他们的数学素养，培养他们的理性精神。数学教学以不同的数学内容之间的联系与启迪为手段，强调运用类比、化归等数学思维方法，而这一切又以数学抽象为基础。从教师的视角出发，我们应从如下几个方面着手，对学生进行数学抽象的核心素养的培养。

1. 提高数学抽象素养的培养意识，主动学习相关知识

因为高中数学的课程内容很多，时间也很紧张，所以很多教师在讲课的时候，只注重知识的传授，而忽视了对学生数学抽象能力的培养。但是，更多的时候，很多教师都是在无意识的状态下依靠经验授课，既不知道有关的知识，也不知道如何去培养数学抽象素养。为此，教师应积极学习与数学抽象相关的心理学、教育学等方面的知识，并在授课的过程中对这些内容进行适时的关注。只有在对有关知识有了一定的了解之后，才可以建立起正确的教学理念，并设计出一套合理的教学方案，从而有意识有目的地对学生展开数学抽象素养的培养。

2. 认真钻研教材，谙熟教材中蕴含的数学抽象内容

教材是教师开展教学活动的重要材料，教师必须认真研究，挖掘其中能够培养学生数学抽象素养的有效材料。通过对教科书的分析，我们发现教科书中的大部分内容都经过了精心挑选，每一个例题对学生的学习效果所产生的影响都不一样。所以，教师应该对课本上的内容进行深入研究，去感受课本上所包含的思想与方法，运用各种各样的具体例子，及各种各样的表达方式，从各个方面来对学生的数学抽象素养进行培养。如在介绍"函数"的概念时，在教科

书上就有三个例子：一是弹丸发射后离地高度的变化；二是用来表示臭氧层的孔洞面积的变化；三是用来表示我国城市人口的恩格尔系数。三个例题以解析式、图形和列表的方式，使学生能更好地理解和掌握函数的概念。与之相对应的是，以几何直观和数量关系为基础进行的抽象，可以从多个方面提升学生的数学抽象素养。

3. 重视过程性教学，精心设计教学活动

许多学生在解题的时候，往往不能将解题的全部步骤都记录下来，一些学生的思路具有较高的跳跃性，他们的抽象能力较好；但也有相当一部分学生，他们并没有对知识抽象的过程有一个准确的认识，他们仅仅是单纯地套用公式来求解问题。注重数学抽象的进程式教学，目的在于将其呈现在课堂上，使课堂教学更有逻辑、更连贯，使学生对其有较好的了解和准确把握。注重过程的教育需要教师把握好尺度，不要过度地压缩数学的学习过程，认为大部分的学生都能"一路"走向形式的数学，也不能过分执着于细节的自发思维过程，而忽视了抽象和形式化的学习结果，也就是对数学知识的理解。以数学抽象的过程和方法为依据，教师应该有针对性地进行教学活动的设计，精心地创造出对学生数学抽象素养有帮助的情境，并使之与学生的心理特点相契合，让教学由浅及深，层层递进。

4. 用问题来引导教学和组织教学活动

在此基础上，本节提出了一种有意义的、新的视角来看待这一问题。在这个过程中，学生要不断地去发现和解决问题。这样，教师就能通过一系列的问题来指导教学过程，并能有效地组织教学活动。在进行问题设计的时候，教师一定要以数学课程的内容为基础，来提出一些有价值的探索性问题。这些问题并不是那些仅仅通过回忆、复述就可以得到答案的问题，而应该是能够与以前的学习以及个人经历产生有意义的联系的，对核心内容能够引发真正的探究的，能够启发学生进行深入思考的主要问题。主要问题就像是思维的发动机，通过这个发动机，可以引导学生对数学概念展开探究，从而推导出数学公式，更重要的是，可以让学生积极主动地参与到数学学习中来。

5. 增强数学课堂教学趣味性

许多学生都觉得数学太过无聊，所以对数学并不感冒，想要让学生喜欢上数学，就必须让他们对数学产生浓厚的兴趣。因此，怎样才能把一门枯燥乏味的课程变成一门有趣的课程，就成为教师所要思考的问题。

（1）根据需要，增加几个数学故事。在我们看来，数学史就如同在我们身上刻下的一道又一道的印记，这道印记就如同一部人类的发展史，同样也是一部值得我们研究的史书。在抽象的数学教育中引进数学史，可以增加学生对数学的兴趣，让数学变得有趣起来，也可以给抽象的数学知识增加一些颜色。在教学时，教师将数学故事与教学内容相融合，增加了教学的趣味性，使学生进一步认识到前人对数学的研究以及数学发展的历史，使学生对数学感兴趣，从而更主动地去学习。在了解数学史的同时，能够让学生体会到数学家们在探索问题时的坚持不懈和百折不挠的决心。同时，也能让学生了解到，想要获得胜利，并非一帆风顺。这既是对科学工作者的尊重，也是对自己求学之路的一种鼓励，哪怕是布满了荆棘，也要迎难而上。

（2）有针对性地组织诸如算术比赛之类的活动。与工作和学习相比，休闲的游戏更有吸引力，尤其是在高中这个充满了激情的时期，比起学习来，玩游戏更能吸引人。那么，将游戏与数学课程结合起来，组成数学游戏活动课，或将数学活动作为课堂教学的一个环节，不仅能提高学生的学习兴趣，还能使学生对知识的记忆更加深刻。在开展数学游戏的过程中，教师可以从两个方面着手：一是开设两节课时的数学游戏课堂；根据学生的数学成绩，把他们平均地分成不同的小组，教师根据他们所学的知识，从简单到困难的顺序来设计竞赛题。比赛的题目类型分为三种，分别是必答题、选答题和抢答题。由教师现场出题，学生在现场进行回答，给第一个解决问题，而且答案正确的那一组加分。随着难度的增加，分数也会逐渐增加，最后得分多的那一组将赢得胜利，并得到相应的奖励。每月进行一次这种数学游戏活动课，通过这种活动，教师能够对学生的知识掌握情况有一个全面的了解，同时也能让学生认识到自己的缺陷，在胜负欲的影响下，促使学生积极地进行数学学习。第二，在课堂上设定数学游戏的准备时间。在高中课程中，函数、几何、建模是三大主线。在学生学习函数的时候，教师要与学生一起欣赏复杂、好看或者奇怪的函数图像，激发学生的好奇心，逐渐从这些函数图像引入所要学习的函数。在学习几何时，利用几何画板等工具进行绘图，从而使几何图形更直观地呈现在学生面前。在此基础上，运用上述手段，激发学生的好奇心，使其自然而然地进入课堂。"兴趣"是一门"良师益友"，要想让学生积极主动地进行数学学习，首先要提高学生的数学兴趣。

（二）学生要在学习中经历数学抽象

思想的领悟不同于知识的获取，它不能只靠教师的讲授，更多的还是要靠学生自己去参加数学活动，去进行他们的独立思考。根据心理学的有关理论，从数学对象的抽象性本质可以看出，抽象思维是能动的，并且在数学学习和研究中起着主导作用。由于思维是依附于人脑的功能而存在的，它是人脑对客观现实的一种概括性的、间接性的反映，所以思维的主观性很强，即它不能被别人代替。从这一点可以看出，学生的主观能动性很强，这既是数学学习的客体，也是数学学习活动的一个重要特点。这种主体性就决定了在数学学习和研究的过程中，人们一定要将自己的主观能动性发挥到最大，积极地进行思考，只有这样，才能得到最好的学习效果。所以，在培养学生的数学抽象核心素养中，让学生经历每个抽象阶段并体验其抽象过程是十分必要的。

第一，让学生有充分的时间与机会去探索数学的抽象，以深化他们的数学观念。由于数学的高度抽象，很多学生对它感到畏惧，但是，在一开始，数学的定义并不一定是准确的，它总是经历了一个抽象和细化的过程。比如，对"集"概念进行抽象化的过程，可以概括为：第一步，从具体的实例中，对"集"有一个比较模糊的印象；第二步，尝试对集合进行语言化的描述；第三步，在归纳以上所述的基础上，利用表的定义，获得了对集的基本概念；第四步，从前面所给出的定义中，给出了几个具体的实例，并试图推导出集中元素的确定性、无序性、互异性等特征；第五步，修改并增加前面所得出的概念，以排除某些不合理的推断；第六步，调整并扩展了对"集"概念的认识，使其能够在各种情况下运用。

经过上述六步，可基本获得较为完整的集的定义。一个概念只有在不断修正中才能完善，只有在运用中才能把握。从这里也可以看出，数学概念并不是说得到一个术语就可以解决的问题，最重要的是要对它有更深刻的理解，理解得越深刻，在各种情形下就会有更好的认识和应用，就会对它有更好的把握。在初步得到了概念定义之后，可以利用变式或者反例，让学生对概念的理解更为深刻，进而获得更为完善的概念定义。不断地加深对知识的理解，不断地修正自己的结论，从而提高自己的数学抽象能力。

所以，在课堂教学中，教师应为学生进行抽象留出时间，让学生亲身经历概念的抽象过程和生成过程，尽可能多给学生自己归纳总结的机会，这是提升学生数学抽象素养的关键。与此同时，在学生进行抽象的时候，要允许他们犯错误，但是要及时地给他们反馈，纠正他们的错误认知，用变式或反例，让他们的认知与实践之间发生冲突，引起他们的思考，进而深化他们对数学概念的理解。

第二，使学生在数学中获得了丰富的抽象化的体验，并了解了其实际的含义。这跟学生学习数学的方法有很大的联系，学生的数学抽象核心素养并不能被单纯地用现成的知识的形式传达给他们，而是要在实践中不断地积累，并在实践中不断地构建出来。在数学教学中，学生的思维方式和思维方法都是不同的。在教室中，大多数的学生都是在老师的指导下，用具体的实例来进行数学抽象活动的，这是一个积极的数学抽象过程。学生将抽象概念、定理、公式等运用到自己的实践中，就是一个寻找实际意义的过程。与以上的正抽象过程相比，这是一个逆向抽象过程，这样的数学抽象经验的累积也很重要。所以，要想让学生积累起丰富的数学抽象经验，可以采取如下两种方式。一种方式就是在教师的指导下，让学生多动手、多思考，从而积累起数学抽象的活动经验和思维经验。第二种方式，则是通过自己的实践，来感受到这些知识的实际意义。与前一条路相比，这一寻求实际意义的过程，也是一个从相反方向深化对数学抽象认识的过程。

第三，在学生的抽象化过程中要注重逻辑的运用。数学抽象素质的培养和发展，需要一个从对具体现象的初步认识，到对事物的本质特征的初步概括，再到对它的符号表征，最终达到更深入的推理和迁移的过程。这是一个由内而外，一环扣一环的过程。在学习的时候，学生应该注重抽象过程的逻辑性，并与自己的现有知识相结合，在进行数学抽象的过程中，要做到有理有据。

第四，提高学生的阅读理解和数学语言表达的能力。通常情况下，数学抽象是在熟悉的情境、关联的情境或综合的情境中展开的，因此，学生在数学方面的阅读能力对学生的数学抽象素养有很大的影响。笔者对学生的数学抽象素养进行了调查和分析，结果表明，高中生在数学方面的阅读理解和语言表达能力上还存在着不足。要提高高中生的数学抽象性，首先要提高他们的阅读能力和语言表达能力。符号语言不仅是数学思维的一种表现形式，而且是数学和真实世界之间联系的一种媒介。在高中阶段，学生对符号的阅读与解读，是一项非常基本的任务。阅读理解能力直接关系到学生的学习效率，低效的阅读理解能力会影响到数学的学习，这不但会降低学生的解题速度，还不利于对知识的理解。平时要引导学生多看一些具有较强逻辑思维的书籍和刊物。在看书、看杂志的时候，要适时地概括出文章的主要内容，并把它用简洁的语言表达出来。二是培养学生从问题中提取出解决问题的条件。在阅读某些数学的资料的时候，可以用符号的语言来表达，在对问题进行提炼的训练中，不需要特意去思考题的解法，而是要挖掘题目中的条件、问题等。三是培养学生的符号和文字的相互表达能力。在数学学习中，将所遇到的数量关系的题，用文字来描述；将生活中遇到的问题，用数学的符号语言来表达。通过这种方式，既可以训练学生的阅读和理解能力，又可以培养他们把生活中的事情和数学问题联系起来的习惯。在培养学生数学思维的过程中，通过培养他们的思维方式，使他们能够更好地理解问题，更好地解决问题。这就要求我们在课堂上重视对学生语言表达能力的培养。

第五，在数学学习过程中，要形成归纳、整理、总结的良好习惯。习惯就是一种生活方式，是一种通过长时间的累积而形成的。在数学抽象化训练中，归纳和抽象是相互补充的。数学抽象指的是将一种事物的一切物理特征都剔除，从而抽象出它的本质，而总结指的是将一种问题进行归纳和总结，从而得出它的普遍性。在进行教学的时候，通过对其共性和差异进行归纳，能够让我们对知识点有一个全面的了解。清晰地认识知识的脉络，能够让我们更好地理解知识与技能，对数学概念的学习有着十分关键的影响。要想使高中生更好地理解和掌握数学知识，就要养成良好的归纳和分类习惯。在学习数学时，要培养总结的习惯，要在单元学习中，对知识点和类型题进行梳理、总结，厘清知识的脉络，寻找前后知识的联系。通过总结和梳理，可以使学生对这一单元的知识结构有更清楚的了解，从而使学生对所学内容的把握达到更高的水平。这种习惯的培养，对从实际问题中抽象出数学问题有很大帮助。

第三节　基于数学建模素养的高中数学
教学模式

一、数学建模素养相关概述

（一）数学建模相关概念

1. 模型、数学模型与数学建模

模型指的是具有与原型相似特征的替代物，它是对系统或过程的简化、抽象和类比表示，可以被理解为采用某种形式近似的描述，或者是模拟研究者所要研究的对象或过程的一种方法。数学模型指的是以某一事物系统的特性为依据，将问题数学化，并用数学语言将其概括或近似地表达为一个数学结构。从广义上来说，数学模型是从真实世界中产生，又从真实世界中抽象出来的，它是对客观事物某些性质的一种近似的解释。就像是数学中的一些概念，一些定理，一些公式，一些规则，都可以用来描述生活中的问题。《普通高中数学课程标准（2017年版2020年修订）》还对几种常用的数学知识以基础的数学模型进行了详尽的阐述，包括线性模型，二次曲线模型，指数函数，三角函数等。这种类型的数学模型，其命名方法是根据已有的数学知识来命名的，因此，这种类型的模型比较抽象，称为"知识数学模型"。

从狭义上说，数学模型是指能够反映某一问题或某一事物的一种数学结构。课程标准中，在"数学模型"这一节里，也有一些常用的经济学模型和社会学模型，其中有存贷款模型，有投入产出模型，有凯恩斯模型等，相比于之前几个模型的命名，这一节的模型更加贴近生活。

当然，对于数学模型，还存在更多的分类标准。但是，从上述两种不同类型的数学模型中，我们可以看到，数学模型属于一种静态的、已经成型的数学

结构，而数学建模则属于一个动态的、解决问题的过程。在解决生活中的问题的时候，通常情况下，我们不能直接用实际的材料来处理，我们需要首先经过必要的抽象与简化，从而构建出一个数学模型，最后得出一个数学结构，将问题数学化；在解决了这些问题之后，我们又将它们应用到生活中去，这整个过程就是数学建模。可以看出，在数学建模过程中，数学模型属于一种工具，它属于一种解决问题的手段。此外，在建模过程中，选取或者构建模型，是建模教学中的一个大难点，它是解决问题的核心与关键，在问题解决之后，有可能会构建出新的数学模型。

2. 问题解决、解应用题和数学建模

在教学中，要使学生能把数学知识应用于实际问题的解决。而解决问题的核心就是问题本身，而问题所牵扯的内容，又分了许多种类。按照与数学建模相关的思想，我们把问题分为两类，一类是由教师或其他教育工作者设计的与数学知识直接相关的问题，目的是学习和巩固数学知识；第二类，就是和数学没有任何关系，却又必须将数学应用于实际问题中的方法。尤其是那些在物理学、生物学等领域中，经常会遇到的难题，更是离不开数学的帮助。

中国古代的数学，以应用为主，像《九章算术》中的"方田""粟米"等，大部分都是应用题，另外也有很多的实际问题已知条件很少，且不清楚的。所以，相对于数学建模而言，实际应用中的问题常常过于典型，只是涉及一部分数学问题。数学模型的重点不在于解决问题，而在于建立模型的过程。

3. 数学建模的过程

数学建模是一种解决问题的过程，而数学建模又是一种重复的方法。在课程标准发布以前，有许多专家教授对数学建模的过程进行了研究，并对其进行了总结，查阅了大量的文献，最终得出了用数学建模解决问题的一般步骤。

一是现实生活中的情境（问题的发现）。通常指的是在生活中需要解决的问题，把它拿出来，对问题进行表征，了解问题的背景，然后将它用作建模的素材。在高中阶段，数学建模通常是教师提出来的。如果这个部分让学生自己去发现，那么就能提高他们的学习自主性和发现问题的能力。

二是问题的提问。这是一个将生活问题数学化的过程，首先要弄清所发现的问题的背景、意义以及需解决的问题本身，并尝试用数学的语言、公式或者文字来对其进行描述。剔除一些不必要的信息，使其变成一个简单的数学问

题，可以对某些变量，某些未知量进行初步判定。

三是模型的建立。在上一步找出变量未知量的基础上，可以将各量之间的关系建立起来，并用数学的语言将其表示出来，形成数学关系式，并确认该模型可以进行实验或检测。

四是模型的解法。这个环节与数学中的解应用题环节相似，在已经知道了关系式之后，再利用自己所学过的数学知识，展开推理、简化、计算、分析等环节，通过对数据的处理、运算与分析，找到可能的结果。也许并不只有一个结果。

五是检验结果。将所得结论应用于现实生活中，检验其是否符合实际。如果答案是肯定的，则模型求解问题基本上就完成了；否则，就必须返回到第二个步骤，即重新构建一个新的数学模型，然后再次重复这个步骤，直至得到一个符合现实的结果。

六是对其进行分析和评估。问题的解决并不意味着数学建模的结束，它还必须对建模的活动进行分析和评估，并对其中存在的问题和改进方法进行探讨。

（二）数学建模素养相关概述

1. 数学建模素养的基本概念

蔡金法、徐斌艳等人的研究表明，学生的数学模型素质主要表现在对实际问题情境的认识上；对真实的场景进行简化，构建真实的模式，化简为真；运用数学方法求解和解题；将对具体真实情境的理解，与数学问题的答案相结合，得到真实的答案；对真实结果进行检查，对真实情况进行反馈。数学模型素养就像数学模型的建立，它与数学问题的提出、问题的解决能力有着紧密的联系。

常磊、鲍建生教授都认为，数学建模素质是一种具有很高综合性的素质，要想提高学生的数学建模素质，就必须建立起学生用数学语言进行表述的能力，还要有对实际情况进行描述和归纳，以及对实际情况进行分析、总结，及解决实际问题的能力。

本节从素质的角度出发，提出了数学建模素质的概念，即数学建模素质的概念。更详细地说，数学建模素养指的是，在面临真实的问题的时候，能够对真实的问题展开归纳和分析，并用数学的方式和思维来对其进行描述，进而运用数学的方法和思维来建立一个数学模型，运用数学的手段来解决问题，并对模型进行反复的验证和改进，最后在解决真实问题的复杂的过程中，展现出的一种知识水平、能力和情感价值。不仅要关注整个过程，包括发现并提出问题、分析问题、建立模型、求解模型及检验所涉及的数学知识，同时还要注重建模者所具备的组织协调、探究合作、自主学习等综合能力和数学的应用性、数学在其他学科领域的联系以及数学建模的价值等情感认知。

2. 数学建模素养水平划分

课程标准中提出的数学建模素养水平标准，从总体上分成三个层次，而不是根据建模的过程来划分。因此，可以从总体上对学生所处的层次有所了解，而且，每一个层次都包含了较多的分支，将其条目化，使其具体、切实可行，也比较容易对其进行评估。具体见表3-3-1。

表3-3-1　数学建模素养水平划分

水平	数学建模素养
水平一	1. 理解数学模型的实际背景和数学描述，理解模型中参数和结论的实际意义。 2. 了解数学模型建立的步骤：提出问题，建立模型，解决模型，检验结果，改进模型。 3. 能模拟所学到的数学模型，并能在所熟悉的真实情况下，进行求解。 4. 对所学到的数学模型能对建模的含义进行详细阐述，感受其中所包含的数学思想；认识到数学表达在数学模型构建中的重要作用。 5. 在沟通时，能利用现有的数学模型来解释问题
水平二	1. 能在熟悉的情况下，找到问题并转换成数学问题，了解数学问题的价值和功能。 2. 能选取适当的数学模式来表述所要求解的数学问题；了解数学建模过程中各参数的含义，掌握如何对其进行建模和求解；在对问题进行实证分析的基础上，能对问题进行改进，并提出相应的解决方案。 3. 使学生能在相关情境中体验数学模型，并了解其含义；能使用数学语言，将数学模型中出现的问题、求解的步骤、结果等进行归纳，并将其整理成一份研究报告，展现其研究成果。 4. 在沟通时，有能力使用模型的思想来解释
水平三	1. 能在一个综合情况下，利用数学思维来进行分析，在情况中找出与数学之间的联系，并提出问题。 2. 能利用基本的数学建模方法及相关的理论，进行有创意的数学建模及求解；了解数学模型的含义及功能；能使用数学语言，将数学模型建立的过程与结果清晰而准确地表达出来。 3. 在沟通的时候，可以用数学模型的结论和思想来解释科学规律和社会现象

3. 数学建模素养的认知分析框架

数学建模素养的认知指的是对数学建模的知识、能力和道德情感的认识和理解。在此基础上，根据对数学建模有关过程的认识，将数学建模素质分为三个层次。本节从三个方面进行了探讨，再与课程标准中所定义的数学建模的具体流程相结合，可以分为以下几个部分：发现、提出问题，分析、建立模型，计算、求解模型，检验、改进模型，得出结论。

（1）知识维度。数学建模的知识方面，指的是对数学建模过程的掌握，以及在建模过程中所牵涉的与数学建模相关的所有理论知识，具体包含了数学学科知识、数学建模相关知识和在实际问题中所涉及的跨学科、跨领域的知识体系。

（2）能力维度。数学建模的能力方面，指在对知识系统掌握的前提下，展开对具体实际问题的处理、解决过程中所涉及的与此有关的能力，具体包括了发现问题、分析问题、提出问题、构建模型、解决问题（包括过程中所涉及的运算能力）和检验模型的能力，以及在实际建模过程中所展现出来的统筹能力等。

（3）情感维度。数学建模的情感层面上，具体包含了对数学建模的情感态度、对数学学习的兴趣态度，还有除了数学建模能力之外的其他情感品质，比如，感受数学的现实意义、感受学科之间的紧密联系、创新精神、团队合作能力、对学科发展和能力的推动作用，以及通过数学建模可以反映出的各个方面的综合能力和情感价值等。

二、基于数学建模素养的高中数学教学现状分析

（一）数学建模素养的影响因素

虽然数学建模活动大部分是以小组的形式开展的，尤其是数学建模竞赛，不管是大学生还是高中生，都是以小组的形式开展的。但是，目前对高中生数学建模能力培养的研究主要集中在学生个人的数学建模能力培养方面，而忽略了对学生群体的数学建模能力培养的影响。总之，要培养高中生的数学建模能力，必须有一个好的社会环境。这种大的社会环境包含了很多的因素，比如课程因素，教师因素，学生因素，环境因素等。

1. 课程因素与数学建模素养

课程因素主要是指数学课程标准，数学教材，以及其他教学辅助材料。本课题将从整体上对中小学学生的数学建模技能进行研究。在21世纪之前，我国中小学的数学课程没有对学生进行数学建模能力的培养。直到21世纪初期，在我国的中小学数学课程标准中，才首次明确地指出，在进行基础数学教育时，要注重对学生进行数学建模教学，并对其进行训练。自此以后，我国对中小学数学建模的研究才逐步增多，数学建模也开始受到广大数学教育研究者和中小学数学教师的关注。

当前，对中小学，特别是对高中阶段学生来说，缺少合适的教材是当前数学建模教学所面临的最大问题。

2. 学生因素与数学建模素养

高中阶段学生的数学建模能力是一种重要的数学能力，是为了适应未来社会发展的需要。高中生是数学建模学习的主体，他们的数学建模学习情感、数学成绩、数学兴趣等都会对他们的数学建模能力产生影响。因此，对其进行合理的归类，就显得尤为重要。这对于提高学生的数学建模能力，尤其是提高学生的数学建模能力具有十分重要的意义。国内学者但琦、朱德全、宋宝和等人有一篇有关影响高中生数学模型水平的研究论文。但琦等人对高中生数学建模能力的影响因素进行了调查，将其归结为四个因素：动机与态度、知识经验、认知过程和元认知。他们相信，动机与态度、知识与经验是学生进行数学建模的先决条件，认知过程是其核心要素，元认知则监控着数学建模的整个过程。这个分类考虑到了知识、情感、认知、元认知的因素，可以说，但琦等人对影响高中生数学建模能力的因素进行了较为全面的分类。因此，这一研究成果也为深入探讨高中生数学建模能力的影响因素提供了依据。研究结果表明，学生在学习过程中所受的影响可分为三个主要方面：认知因素，例如学生的数理认知结构，认知风格，创造性程度；数学模型情感，数学模型信念，创新倾向等非认知因素；元认知因素，例如模型化的自我控制水平。

3. 教师因素与数学建模能力

在高中数学教学中，教师的数学建模水平和学生的数学建模情绪是非常重要的。因为再怎么强调数学建模，在数学教学中，数学建模教学的实施，归根结底还是要靠教师。李明振、喻平等人都对此有深刻的理解，他们认为，数学教师对数学建模的理解，对数学建模的教育价值的理解，对数学建模的应用意识，及数学建模的能力，都会在一定程度上影响到数学建模的实施和效果。如何提高学生的数学建模水平是一个十分重要的课题。在数学建模教学中，教师是核心，这一点已为众多学者所认同。可以说，高中数学建模教学，甚至是高中学生的数学建模能力，都与他们的数学建模情感密切相关。在学生的学习过程中，教师的教学风格也会对学生的学习过程起到很大的作用。这是由于数学建模不同于普通的高中数学课堂教学，在数学建模教学中，学生与老师之间的交流和探讨是一种比较有效的方法。

4. 环境因素与数学建模能力

在此基础上，影响数学学习的环境因素可以分为三个，一个是社会环境，一个是学校环境，还有一个是家庭环境。数学模型教学正是在这样的三种环境下展开的。培养学生的数学建模能力需要一个合适的学习环境，尤其是在学校中。其实，也就是这十多年来，人们才开始重视数学建模这一块。21世纪以前，高中的数学课程中都没有对学生进行数学建模能力的培养。虽然随着社会的进步，人们越来越关注数学，特别是数学建模，但在教育领域仍然面临着一个问题，那就是在理论上讨论得很热烈，而在实际操作上，却始终无法达成共识。这对我国中小学开展数学建模教学，尤其是高中阶段，产生了较大的影响。

（二）基于数学建模素养的高中数学教学现状分析

在开展数学建模活动方面，学校没有给予足够的支持，有关数学建模的讲座、培训、教学等方面的活动很少；缺乏有效的教学资源，在数学建模课程和教学案例方面也存在着很大的缺陷，不能满足培养学生的数学建模素养的需要；在数学建模方面，硬件设备的配置还不健全，没有足够的重视对学生使用电脑基础软件的能力的训练，这在某种程度上影响了数学建模教学的开展；目前，有关高中数学建模的文献还很少。

三、基于数学建模素养的高中数学教学策略

课程标准指出，要在数学建模与数学探究中，逐步提升数学建模、数学抽象、数据分析、数学运算、逻辑推理、直观想象的品质。数学建模教学可以作为高中数学课程的一个重要组成部分，其主要原因是，数学建模是一种综合性

的活动，它反映了利用模型思维来解决真实的问题。这就是为什么在学生的学习过程中，数学会被列为最重要的三门学科之一。对高中阶段的学生来说，他们不但要对数学建模的基本步骤有一个清晰的认识，更加重要的是，在进行数学建模的教学过程中，要对他们的数学核心素养进行培养，从而让他们具备终身发展和社会发展所需求的必备品质与关键能力。这就要求教师在进行建模教学的时候，持续地指导学生用数学思维去观察和分析实际问题，用数学语言和符号公式来表示事物之间的联系；从复杂的实际问题中，提出必要的假设，提取出最接近的、最能够说明问题的数学模型，用数学方法来求解，从而达到解决实际问题的目的。在此基础上，探索以学生的数学模型素质为核心的高中数学教育策略，具有十分重要的意义。

（一）选取贴合生活的案例，激发学习的兴趣

"数学建模"是一种新的数学学习方法，它能有效地提高学生对数学的兴趣。兴趣是一种重要的非智力因素。非智力因素是指人在学习活动中不直接参与认知过程的心理因素，如兴趣、情感体验等认知心理学认为，非智力因素并不会对学习者的认知过程产生直接的影响，却会对其产生很大的限制，因此，兴趣能够为学习者的认知过程提供动力，起到加强和引导的作用。一个人就算智力水平很高，但如果他对自己所做的事情缺少兴趣，那么他就可能比那些对此感兴趣的普通人做得差。对高中生来说，兴趣对他们的影响尤其显著。因为青少年的心智、自控力等方面还没有完全成熟，所以在学习的过程中，他们很难长时间地集中注意力，很容易被一些与课堂教学没有任何关系的事情所吸引。比如，在上课的时候，他们可以玩手机，可以看着窗外的风景，甚至还会出现心不在焉的现象。所以，教师如何吸引学生的注意力，调动他们的学习兴趣，活跃课堂气氛，就显得非常重要。教师可以通过多种方式来激发学生的学习兴趣，例如多媒体的介入，短片的播放，教师的教学姿态等。笔者认为，影响学生学习兴趣的主要因素，就是教学内容。对于学生来说，数学观念的教学是比较枯燥的，首先，观念比较抽象，不利于学生的理解；二是在教学中，一般都是直截了当地给出概念，导致学生能够解决问题而不能理解其含义的局面。对概念的理解和掌握，有助于学生对知识的灵活应用和巩固。在教学过程中，如果能够增加一些数学史的内容，让学生去理解和体会概念的意义，还有数学家们对这个概念的阐述过程，在一定程度上可以激发学生的学习兴趣。

数学建模的教学也是一样，教科书上的例子已经很完善了，如果只是按照题目的意思去寻找变量之间的联系，然后构建一个函数模型来解决一个"实际问题"，那么对于学生来说就会变得枯燥无味，因为这个问题太理想化了，而且构建出来的函数模型也比较单一，很难给学生带来很大的帮助，这就大大降低了建模的重要性。

在选择有趣的建模案例时，要考虑的最重要的因素是与学生的认知水平密切相关，让学生体验到运用数学知识解决身边问题的过程，从而体会到数学学习的意义与魅力。教师不应该仅限于教学的课本，应该多读一些其他的数学课本，了解它们是如何选择和运用案例的。举个例子，在北师大版数学教材中有一篇关于"如何煮沸水最省煤气"的文章。很多家庭使用煤气来烧开水和煮食物，所以节省煤气是很实际的。这种问题一提出来，立即就会引发学生的好奇心，他们也许会问：原来我们所学的数学知识可以解决这一问题，那么该怎么做？我们可以自己处理吗？在学生出现这些疑问的时候，他们的兴趣自然就被调动起来了。接着，通过对教材的补充，使学生对省燃气的理解更加深入，以"真实情境—分析煤气灶旋钮对燃气流量的影响—设计方案—进行实验—收集数据—拟合函数—求解最小用气量—检验分析建立"的完整的数学建模流程，并对建模中所忽视的问题进行补充。也就是说，在建模的过程中，要作出必要的假设，数学模型只是客观情况的一个大致的反映，而模型的求解并不能完全解决现实问题。总体而言，北师大版数学教材中的模型事例以数学模型为基础，贴近学生的生活实际情况，激发了他们的学习兴趣。虽然本个案要求学员有较高程度的参与度，在教学上有一定的难度，但是在模型个案的选择上却有很大的启发作用。

（二）立足于教材中的建模题，领悟隐含的数学思想

在教材中，数学建模有两个基本功能，一是反映函数模型在解决实际问题中的作用，例如，在必修1中，当我们讲完基本初等函数后，就会进入函数应用这一章，用大量丰富的现实背景，来说明函数模型的应用；二是在模型中引入一些新的数学概念，如GDP增长率随着时间的推移而不断增加的关系，及细胞分裂的数量与数量之间的关系等。教科书中范例比较多，此类范例的共同特征是经过处理、结构合理、与实际情况相背离。

教材在展现数学建模问题的时候，弱化了对现实环境做出假设，并对其进行优化的过程，而是着重于寻找环境中变量之间的关系，并使用数学语言符号公式来对这一关系进行描述，进而构建出一个模型与模型求解的环节，并在这个环节中，要大量地运用数学抽象方法。"数学抽象"就是抛弃了所有的物理性质，获得了数学所研究的对象。在章建跃教授看来，"培养学生的数学素质"和"教育思想"在根本上没有什么不同。在数学中，所有的概念和命题都来自抽象。"抽象"这个词来自"abstracito"这个拉丁语，它的意思是"剔除"和"提取"。通常来说，一个人想要理解一件事情的某个特性，就必须要放弃另一个特性，从而得到专注特性的认知。在对抽象概念进行教学时，要在学生的脑海中建立起具体的形象，让他们有事物可以依据。数学建模就是从具体的问题、具体的事物中产生出来的，教师可以引导学生从中提取出可以解决问题的数学模型，从而可以锻炼和培养学生的数学抽象核心素养。

在建模学习的开始阶段，学生对数学建模基本步骤的认识是非常重要的。首先，可以让学生感受到数学建模在现实生活中的真正意义，而不仅仅停留在解决应用问题上，这可以激发学生们学习建模的积极性。其次，可以让学生在掌握模型的过程中，学会如何将模型建立在一个严谨的逻辑基础上。所以，在建模教学的前期，教师要根据学生的认知水平来选择建模案例，起点要低，但是要尽可能地将建模过程的一般环节展现出来。

（三）巧妙融入信息技术

如今，信息化教学已经成了一种最先进的教学方法，它对教学思想、教学方法和课堂结构都产生了巨大的推动作用，在很大程度上提升了学生的学习兴趣，大大减少了在教学上花费在板书等环节上的时间，从而提升了教学的效率，这也是在信息化社会中教学发展的必然趋势。将信息技术应用于建模教学，能够在问题表征、数据分析、模型建立、模型求解、模型检查等各个方面充分发挥信息技术的优势。

多元表征学习理论认为，要想让学生进行有意义的学习，就必须要对教学内容进行主动加工，吸引并保持学生的注意。而信息技术则是一种行之有效的教学手段，能够吸引和留住学生的注意力。在建模教学课的一开始，摆在学生面前的就是现实中的问题，而建模题的叙述往往会趋向于冗长，学生无法立刻抓住要点，很容易分心。在这种情况下，如果能够用图像、表格等其他表征的方式，将问题的信息展现在学生的眼前，这与学生的心理和生理特征相一致，可以有效地激发出学生的学习兴趣，并将他们进行自主探索的热情充分地调动起来。同时，这也有助于学生对题目内容的理解，消除无谓的信息干扰。

1. 信息技术介入问题表征环节

信息加工学习理论认为，学习是对信息从注意、吸收、提炼、整合到应用的一系列过程，是对信息进行加工和存储的过程。信息通过文字，图表，符号，图片，声音等方式传递到个人的感官中，让个人对所接受的信息有一个大致的了解，但是这种了解并不完整，而且因为个人的差异，他们对信息的关注重点和吸收程度也各不相同。个人学习的终极目标，自然是不断地吸收、转化、合并、巩固和提炼出大脑中的知识。由于目前尚不能观察到大脑内部的知识观测探究过程，所以很多学者都从外部行为的角度来研究大脑的信息处理过程。数学多维理论的研究显示，在认知过程中，信息的选取是最重要的一环。运用资讯科技有助于概念与问题的呈现，并能吸引学习者的注意力，进而把重要资讯整合到认知架构中。可以说，问题和知识的呈现方式对学生的注意力和有意义的学习起着重要的作用。

比如，在学习底数 a 对指数函数单调性的影响时，传统的教学方法是选取若干个不同的 a 值，在相同的平面直角坐标系内作出相应的指数函数图像，并从中观察出其共性，也就是 $a>1$ 时指数函数单调递增，$a<1$ 时指数函数单调递减。这种传统的教学方法，虽然在某种程度上可以让学生"记住"这一法则，但也存在着混淆现象，而若利用几何画板，设定参量 a，并改变 a 的数值，则可以让学生直观地看到图形的改变。教师在演示的时候，尤其是在 a 接近1的时候，要减缓变换的速度，让学生用肉眼就能看到当基数接近1的时候，变换的幅度有很大的变化。这种动态的表达方式，使得问题的外在表现形式更加简洁、清晰，有利于学生处理和组织问题中的重要信息。

利用信息技术，对教学问题进行多元表征，一方面可以将学生的视觉、听觉等多种知觉方式，对外部表征信息进行感知，利用教学软件的动态演示，为学生带来更大的想象力，从而调动他们在课堂上的学习热情，减少他们观察的难度，有助于他们对知识的理解。另一方面，在数学模型问题上运用信息技术，可以极大地扩大教师的教学空间，教师可以选择大量的模型素材，通过教学多媒体设备来展示，从而引起学生的注意。

2. 信息技术介入模型分析环节

数学建模的教学首先经历了问题描述，然后进入了简化假设的过程，但是高中数学建模不同于一般的数学建模，基于教学的考量，大部分高中都没有这个过程。因为省略了"简化假定"这一部分，所以建模教学就直接进入了模型分析环节。模型分析就是从实际问题中抽象出数学关系，利用数学知识建立起代数模型、函数模型、几何模型等。

3. 信息技术介入建立模型环节

在构建模型的过程中，会涉及信息技术，它主要用于在大量数据的情况下，对函数模型的选择。例如，马萨尔的人口模型，在一个平面直角坐标系中，将所给出的数据按照变化趋势与所学习到的函数增长模型相结合，一个一个地对这些数据进行分析，并绘制出一幅图像，从而了解到这些数据和所分析的模型有多大的偏差。

（四）对高中数学模型进行分类，形成系统性知识

1. 数学模型分类

数学模型因其所依据的不同而有许多种类型，下面就是几种比较常用的类型。根据其产生的原因，可以分为理论模型与实证模型；根据模型应用范围的不同，可以分为人口模型、经济模型、生态学模型和城市规划模型等；根据模型中运用的数学工具，可以将其划分为韦恩模型、各种类型的函数模型、不等式模型、复数模型和解析几何模型等；根据按研究对象内部结构是否清晰，可以将被试划分为白盒、灰盒和黑盒三种类型；根据模式的作用，可将模式划分为描述模式与解释模式。其中，按照被考察的变量的属性，描述性数学模型可划分为四类。第一类是对必然性现象的描述。它描述的是一种确定性因果关系，即这类事物或现象的产生和变化严格按照一定的规则，其表达方式有多种，如方程、逻辑关系、网络图等。二是对随机现象进行了数学建模，如布丰投针实验、天气变化等，都是用来形容真实世界中的各种随机性。虽然这种情况下，我们不能准确地预测，但是，我们可以通过实验来找到变化规律，从而预测出它的发展趋势，并利用统计的方法来解决，这也是天气预报的基本原理。在对随机现象进行数学建模时，我们仅能从过去的大量资料中归纳出一定的规律性，而不能准确地判断事件发生过程中的变化。三是对模糊性进行了数学建模。这类模型与人的行为密切相关，但目前还不能很好地识别人的行为。

比如，一个人可以很容易地分辨出自己是否认识另外一个人，但是如果要设计程序来让计算机识别，就会很复杂，它需要存储关于这个人的大量的数据，如身高、体重、五官、发型等，并且要非常准确，如果对象略有变化，计算机就会认为不是他本人。在此基础上，提出了一种新的模糊性分析方法。比如自然界中的突然变化、水的相位变化、地震等。

2. 高中数学模型分类教学

根据建模所使用的数学工具，高中教材及练习题中的建模问题分为：韦恩建模、函数建模、几何建模、复数建模、三角形建模和直线计划建模等。由于高中数学建模与真实生活中的数学建模有着很大的区别，因此，在利用建立数学模型来解决实际问题的时候，更要注重对学生利用数学建模的思维方法来解决纯数学问题的能力的培养。对于一个实际问题的数学模型，在教学时，要注意讲解建模的一般流程，逐步地培养学生在建模中所要运用到的数学表示能力、数学交流能力、数学联结能力、逻辑推理能力、数的运算能力等，以促使学生运用模型化的思维来解决问题。

利用构建几何模型与复数模型的方式，可以让问题的求解变得更加简单。学生在建模过程中会得到灵感，从而更好地思考问题。这就要求在学生的头脑中构建出一个整体的知识结构，既要充分认识单个的知识概念性质，又要将不同的概念性质的本质联系在一起，做到举一反三、触类旁通。举例来说，当我们在研究一个扇子的曲线长度时，我们就会把它与一些题目联系起来，如计算扇形土地、计算粮仓顶部、切圆形蛋糕等。虽然它们研究的问题不一样，但本质上都是基于比例的思想，即在变化的过程中，所占的比例是不变的，在此基础上，可以提出一种新的数学建模方法。

在实际问题中，按照所用的数学工具，可以将其划分为数列模型、三角模型、解析几何模型等。比如自然界中的植物，其花瓣、叶子、果实的数量和分布都有一定的规律性，这种规律性被称为斐波那契数列。

将数学模型归类是很有必要的，通过对数学工具的分析，学生不仅可以清楚地认识到建模的方法和手段，还可以理解和掌握各种数学工具所使用的类型。在教学的过程中，教师可以通过交流的方式，向学生询问，是否知道本节课建模所使用的方法或者说数学工具，并借此机会对学生进行渗透，讲解高中阶段将学习到的数学工具、模型化思想。

（五）采用丰富多彩的教学形式

数学模块课和新讲授的课程有较大区别，如果新讲授的知识和已学过的知识有关，教师通常会通过回顾导入；如果是新概念，那就直接进入主题，或者设定场景。但是，在数学建模的教学中，却存在着一些不一样的地方。数学建模的教学是以学生已经有的知识为基础，将学生的数学能力充分地调动起来，让他们通过建模来解决实际问题。在运用这些知识的基础上，可以激发学生对数学学习的兴趣，同时还可以培养他们严谨的逻辑推理等思维能力。在数学建模教学中，学生要积极主动地参与到学习中去，教师要起到引导作用，可以有多种开展或辅助开展建模的教学形式。

1. 建模同一般教学的结合与"切入"

所谓的"切入"，就是将一个特定的片段或动作，插入到一个事件或链接中。在建模教学中，事件指的是一般的数学教学，例如概念课、习题课或复习课，而插入的具体行为指的是建模的某些环节，即在新课等教学中，将建模的某个环节介入其中。例如，在引入指数函数知识的时候，教师经常会利用一些具体的指数函数实例，如细胞分裂、国内生产总值逐年增加等，来引入指数函数模型，这就是建模教学中的抽象关系，建模模型环节。把一个完整的建模教学过程分解成几个小的环节，一方面可以帮助学生深化对数学建模的认识，增强他们的应用意识；另一方面，也是为了弥补数学定义、公式抽象化这一点。模型的其他部分，例如模型的解题和模型的检查，都可以在课后安排。若有不明白之处，可利用课间休息与同学或老师沟通解释。

另外，"切入"的模型内容要与教师所设计的模型内容接近，这样才能很好地衔接起来，不会显得突兀，才能让学生在不知不觉中学会数学模型。高中数学课本与模型的综合运用，例如，集合与统计中的计数问题，编码问题，体育竞赛的场次设计；二次功能中的牛群问题，磁带问题；同质产品的价格与包装尺寸的关系；指对数函数中的储蓄，贷款问题；函数的极限值中的设计容器问题；不等式的求解中的一种简单的线性规划问题；不等式的证明与应用中的洗衣机问题，包装问题等。

2. 教师带领学生阅读欣赏优秀的建模案例

高中的时候，大家都在学初等数学，而到了大学，大家就开始学高级数学了。初等数学是一门以几何与代数为基础的学科，其研究对象基本为不变性的数量；而高等数学的研究对象是变化的量，其内容非常丰富，主要有线性代数、高等代数、微积分、概率论与数理统计等。高中阶段学生所掌握的数学工具有很大的限制，这使得学习数学模型对他们来说似乎是一件可望而不可即的事情，但教师可以在剩下的十几分钟里，或是在课余时间，给他们演示一些稍微复杂一点儿的建模实例，例如方桌的平衡问题，动物的身长与体重，以及传染病的随机传染等。这种现实中的数学问题，不同于学生平日里所面对的建模问题，它更加贴近现实生活，可以以数学建模为基础，搭建起一座解决现实生活中问题的桥梁，从而更加充分地体现出数学这门学科的工具性和实用性。

第四节 基于数学运算素养的高中数学教学模式

一、数学运算素养相关概述

（一）运算相关概述

1. 运算的基本内涵

数学起源于运算，运算是古时数学史上最主要的一部分。运算通常是在运算法则和运算定律的指导下，对已知条件进行分析和加减乘除的操作，从而推算出结果的一种行为。操作蕴含着更深刻的计算过程，在操作的过程中寻找更加合理和简单的方法。

运算的实质是数组间的映射和"二对一"的对应关系。通常有六种操作，即加，减，乘，除，乘方和开方。其中，乘方和开方是由一个已知的数字得到另一个数字的操作，叫作一元操作；加，减，乘和除都是从两个已知的数字中得到一个数字的操作，叫作二元操作。二元操作中，如果已经知道了运算结果，可以反求原数（一元运算）或两个原数中的一个（二元运算）的计算规则，被称为原运算的逆运算，这时就把原运算称为直接运算。

2. 运算的特征

在数学学习中，运算是最基本也是最重要的一项内容，它既具有数学学科所特有的严谨性，又具有一定的逻辑性。在进行数学运算时，要确保每一个步骤都经过深思熟虑，而且要严谨、仔细，不能有任何的疏漏，不然就会造成运算过程中的差错，从而造成整体运算结果的错误，所谓"一步错，步步错"。与此同时，在数学运算的过程中，也表现出了一定的逻辑性，这是因为，在进行数学运算的时候，一定要遵守最基本的规则，也就是数学的基本原理，否则，就会在逻辑上产生致命的错误，从而造成数学运算的过程和结果的偏差。

3. 运算的教育价值

运算教学最直接的目标，就是使学生能够熟练地掌握算法，从而能够熟练地进行运算。而运算的教育价值并不止于此，它的终极目的是使学生基于数的运算过程，培养他们的判断和选择的自觉意识，并根据具体情况和自身需求，作出正确判断的能力。就思维素质而言，运算课旨在培养学生的综合能力，以及对规则应用的正确理解；从情感和态度上讲，操作的教学是一种培养学生良好的学习习惯的途径。在高中的数学课本上，数字的计算占了很大一部分。所以，要想培养学生的计算素养，就必须要重视让学生养成一种求真务实的学习态度，并养成一种良好的计算习惯。这正好符合叶圣陶所说的："教育是什么，往简单方面讲，只需一句话，就是要培养良好的习惯。"

（二）运算能力相关概述

1. 运算能力的基本内涵

所有数学素质，都以运算为基础。早在晚清开设"算学"科目时，就曾说过："算术其要义在使知日用之计算，与以自谋生计必需之知识，兼使精细其心思。"中华人民共和国成立以后，在计算能力方面，经过了"使知日用之计算→熟习日常之计算→培养儿童日常生活中的计算能力、养成计算敏捷和准确的习惯→指导儿童具有正确和敏捷的计算技术和能力→培养学生正确地、迅速地进行四则运算能力→使学生具有进行整数、小数、分数四则计算的能力→使学生获得适应未来社会生活和进一步发展所必需的基本数学思想方法和必要的应用技能"的一系列过程，直至新的课标重新强调了运算力的重要性。一系列的演化表明，计算能力是人类最基本的数学品质需求。

《中国大百科全书（教育卷）》中将数学概念、规律、定理等从某种已知的数量中获得某种确定的结果的过程叫作运算，而这种能成功地进行某种操作的思维特点叫作运算能力。在一般意义上，运算能力也包含了运算技巧，而运算能力的核心是思考能力。

教育部基础教育课程标准编写工作小组的成员认为，如果一个人能按照特定的程序和步骤去操作，那就是运算技能；不仅可以按照法则、公式等正确地进行运算，还可以对运算中的算理进行理解，可以根据题目条件寻找正确的运算路径，这就是所谓的运算能力。

在新课程标准中，"运算能力"是指学生按照数学规律、运算律，进行正确的运算。对运算能力的培养，可以帮助更好地了解运算原理，寻找一种合理、简明的运算方法来解决问题。

运算能力的表现形式虽然五花八门，但大同小异。总之，本书中的运算能力指的是将计算技能和逻辑思考相结合的能力，即能够根据概念、公式、法则、定理等对问题进行正确的运算。而且，基于对运算算理的了解，能够运用数学的思想和方法，合理地优化数学的思路，并依据问题的情况，寻求一种合理的、简便的计算方式。运算能力不仅仅是一种单一的、独立的数学能力，更是一种将运算技能与逻辑思考相融合的方式，是数学思考的一种方式，是数学核心素质中的一种。

2. 数学运算能力的分类

运算能力主要包括五个方面：对题型信息的挖掘；能够使用定义，公式，定律和定理进行操作；能够选择合理的操作方式，能够简化操作程序；应用数学思维和方法的能力；估计能力。

（1）有能力进行专题资料的发掘。对题目信息的发掘，即是对运算问题的初步定位，又是对具体的运算问题的抽象和概括，主要指学生在读完一道运算题后，能够根据题所涉及的已知条件，以及包含的隐藏的信息，并进行分析，理解问题的基本结构和解决问题的思路，为后续公式、法则的应用，以及选择一种合理的方法来简化运算过程做好准备。

（2）具备运用定义、公式、定律、定理等运算能力。从几个简单的问题中，我们可以得到几个结果。这一能力要求学生能够正确、熟练地运用定义、公式、法则、定理来完成一项操作，是运算能力中最为基本的一项，在数学操作能力中，属于比较低水平的一项。在处理一个算术问题时，对概念、公式、定律、定理的准确、娴熟运用是必不可少的。

（3）能够根据实际情况，选择合适的操作方式。对于某些运算问题，往往有多种不同的求解方法，如何选取最佳的求解方法，将会对求解过程产生很大的影响。选择恰当的方法，可以大大简化算法，节省大量的时间，而且可以增加算法的精度，提高算法的效率。

（4）能够对运算过程进行简化。运算过程的简单化与运算方法的合理选择、数学思维方法的正确应用等有着紧密的关系。通过对运算方法的正确选择，可以极大地简化运算过程，并使得运算结果简明扼要。

（5）在运算的基础上，发展了学生的数学思想与方法。数学运算并不只是单纯地套用公式、定理、法则等，还渗透着数学的思想方法，反映着数学的思维。运用数学思想与方法，不仅可以让运算的思想更加清晰，也可以让计算的程序更加简化。在构建学生的数学运算能力时，对其进行更高层次的分析，并提出了对其运用的要求。

（6）评估功能。估计指的是个体没有进行精确计算，而是依靠原有的知识，得到一个大致答案的一种估计形式，它是心算、数的概念和算术计算技巧之间相互作用的过程。估算能力有助于学生掌握数学问题结果的正确性，是学生发展数感的重要内容和途径，是发展学生创造性、灵活性的有效手段。具有一定的估计能力，是有较高的计算文化水平的表现。

（三）数学运算素养相关概述

1. 数学运算素养的概念

数学运算是在明确运算对象的基础上，依据运算规律来解决数学问题的素养，主要包括：了解运算对象，掌握运算规律，探究运算思路，选择运算方法，设计运算程序，寻求运算结果等。运算是解决问题的一个重要手段。在高中，学生的数学运算能力有较大提高；能够运用操作的方式，高效地处理具体问题；以运算促进数学思维的发展，使之变成一种标准化的思维素质，进而形成一丝不苟、严谨求实的科学精神。

2. 数学运算素养的水平划分

《普通高中数学课程标准（2017年版2020年修订）》将数学运算素养分成了三个水平，具体描述见表3-4-1。

表3-4-1　数学运算素养的水平划分

水平	数学运算素养
水平一	1. 能够看懂操作的对象，能够提出运算的问题。 2. 了解运算原理及适用领域，能够准确操作；能够根据问题的特征，构建合适的运算思路，并在现有的数学条件下进行求解。 3. 在运算中，能够体会到操作的含义与作用，并能够运算去验证某些简单的数学结果。 4. 能够在交流中运用算法解决问题

水平	数学运算素养
水平二	1. 能够在一定的上下文中认识运算目标，提出运算问题。 2. 能依据所要处理的问题，选用适当的处理方式，制定相应的处理方案，并能求解。 3. 能够将操作作为推理来理解；在运算的方式来求解问题时，能够感受到程序的含义和功能。 4. 可以通过运算来讨论问题
水平三	1. 能够把问题转化为运算问题，确定运算的对象，运算的规则，运算的方向。 2. 能够进行运算，构造运算方案，求解运算问题。 3. 可以运用编程思维去认识和表述问题，并且明白编程思维与计算问题的联系，在沟通时，可以用编程的方式去理解和说明问题

3. 数学运算素养的特点

（1）综合性。数学运算素质具体包括了以下内容：对概念、公式、法则、定理的理解和记忆，数学推理，数学表达，数学思想方法以及数学思维。数学运算素养是不能单独发展的，它与理解能力、记忆能力、推理能力、表达能力及数学思维一起协调发展、相互渗透。除此之外，不管是在数学教学中，还是在学生的解题过程中，一般情况下，数学运算并不是单独进行的，它与数学问题相联系，被用来解决问题，最终实现推理，这也体现出了数学运算的综合性。

（2）层次性。学生对数学运算素养的培养应逐步进行。培养数学运算素质，是不可能一蹴而就的，是从简单到复杂、从具体到抽象、从低到高逐步发展的。这是一个不可逆的发展过程，而且随着年龄的增大呈现螺旋上升的趋势。我们对学生的数学操作能力的理解与把握，也要分不同的水平来进行。伴随着知识的不断扩展，知识理解的不断深入，人们对数学运算素质的要求也在不断地提升，所以，对学生进行数学操作素质的培养与提升显得尤为重要。根据数学计算的层次明显的特征，在具体的教学中，我们既不能停止学生的计算，也不能超过他们的计算能力发展的程度，要根据学生的实际状况，对练习进行合理的布置，并选择合适的难度，以此来提升他们的计算能力。

（3）发展性。数学运算素养的内容是随着社会的发展和知识的更新而不断发展的。以20世纪90年代为例，当学生开始学算术时，也开始学珠算，并且开始用算术表格。现在，由于时代的发展，科技的发展，计算器的广泛应用，在日常的生活和学习中，我们不再需要进行珠算，也不再需要数学用表，不管是多复杂的计算，电脑都可以完成，因此，我们在教科书中加入了计算器。另外，有必要构建可对大量数据进行分析的评价能力。由于计算机可以进行更多更复杂的运算，为了使用它们，学生需要学习程序设计和运算程序的语言。

二、高中生数学运算素养的影响因素及分析

（一）学生自身因素分析

1. 学生对数学的兴趣爱好影响其运算素养的发展

学生的兴趣和爱好无疑会对其运算能力的发展产生影响。数学心理学相信，兴趣和情绪有着密切的联系，它使一个人更积极地思考，它能激发人们对某项活动的兴趣，是一种很强的激励因素。对所学内容、所教活动感兴趣，称为"即兴兴趣"；对将来结果的期望而引起的，叫作间接兴趣。这两种兴趣对激发学生的数学学习欲望有实际的指导作用。

如果一个学生对数学这门科目有浓厚的兴趣，他的数学成绩就会很好地提升，对与数学有关的东西也会越来越喜爱，也会在数学考试中拿到高分。与此相反，学生越是对数学没有任何兴趣，就越不能投入数学学习活动中去，他们对数学只能是一知半解，在数学考试中取得的成绩也并不理想。

只有对数学产生了强烈的兴趣，才能让学生一头扎进数学的海洋。如果没有对数学和运算的兴趣，学生就只能在教师的教学中机械地、被动地学习。当学生对数学的兴趣不足时，就会产生一种消极的情感。但是，在消极的情绪状态下展开学习，不容易在头脑中形成稳定且清晰的表征，进而影响了对表征的加工速度与深度，从而使学生对数学公式、定理掌握得不够牢固、不够扎实，很容易造成知识的混淆，从而不利于构建数学知识结构。如果在消极的情绪下进行解题，就会使学生对题目中的某些条件和信息视而不见，很难找到解决问题的突破口，从大脑中提取信息的速度很慢，并且不够精确，在进行数学运算的时候，就很容易出现失误，进而影响到解题的准确率。因此，对某一科目发展出一种兴趣，就是把它学好的基石。

2. 学生的数学学习习惯影响其运算素养的发展

习惯非一日形成。莎士比亚曾说过："不良的习惯会随时阻碍你走向成名、获利和享乐的路上去。"要提高学生的数学素质，就必须切实改变不良的

数学习惯。由于运算素质的提升与良好的运算习惯密不可分，而运算习惯在运算素质的培养中占了很大的比重，是一个很重要的方面。

3. 学生对运算素养的态度影响其运算素养的发展

数学与运算息息相关，只要有数学，就会有运算。但是，有些学生并没有认识到他们的运算能力，他们对运算能力的重视程度并不高。根据教育心理学理论，若将计算失误视为粗心大意、不认真等，则会阻碍其寻找问题的真正原因，进而不利于其运算素养的发展。还存在一些学生，他们将运算误解为只需要根据运算规律进行运算就可以了，他们没有注意到运算的过程中所涉及的数学思维、数学思想和方法等因素。他们在运算的过程中，经常会不加任何考虑，只是一味地进行运算，因而不能找到问题的根本原因。

（二）数学认知结构与思想方法分析

1. 学生的数学认知结构影响其运算素养发展

数学认知结构，指的是数学知识在学生脑海中的表现，它是数学计算的基础，没有它，就谈不上计算，如果数学知识不能连成一条完整的知识链，那么，其中任何一个环节都可能出现问题，想要学好数学，都是一件非常困难的事情。如果没有一个完整的数学认知结构，那么在求解数学问题时，寻找对自己有用的知识是非常困难的。因此，要想学好数学，就必须将原有的知识结构与新的知识之间的关系进行完善，在对原有的知识结构进行调整和改变的基础上，将新的知识纳入原有的认知结构中，并构建出新的认知结构，使之与新的学习内容相适应。如果学习者在接受和理解上存在偏差或者是遗忘，就会造成知识结构的不完整，这样就会缺乏一种固定的观念来与新的知识发生作用，从而造成新的知识无法构建。

由于认知结构不够健全，高中生在处理信息和解决问题的时候，缺少一种稳定而又灵活的解题思路，也就是不能很好地将新的、旧的知识内化，因此经常会在解题的过程中，出现知识的脱节、断链，也就是我们常说的"遗忘"，这就会影响到知识正确的应用，更会对其运算的顺利进行造成影响。除此之外，一些学生的概念结构层次不够清晰，他们还没有形成一定的问题解决策略的观念，从而造成了问题解决策略的缺失。一些学生对算理不甚了解，不重视公式、定理成立的条件，只是机械地照搬公式，或者不顾运算结果进行盲目的推演，缺少选择合理的、简捷的运算路径的意识，这也对学生的运算素养的提升产生了直接的影响。学生具有良好的数学认知结构的一个重要特点是具有一定的问题解决策略和一定的创造性思维。在一个特定的问题领域，专家的解题能力优于初学者的一个主要原因是，专家具有较多的解题策略。由此可见，在一个完善的、好的数学认知结构中，一些问题的解决策略是必不可少的。但这并不是一蹴而就的事情，需要一个过程。在课堂教学过程中，教师要有足够的耐心，要避免自己的焦躁情绪影响到学生的创造性思维。

2. 学生的个性认知特征影响其运算素养发展

数学操作素质是个人认知特点的体现。个体的认知特性存在着等级的差异，而这一差异又体现在数学思维质量上。数学思维质量是一个人在数学思维过程中所表现出来的个性特征，包括深刻性、灵活性、独创性、批判性和敏捷性等五个方面。从这五个特点来看，学生对数学操作素质的要求大致可划分为：基础要求——操作的精确性；更高的要求——合理的，简单的，快速的运算；高标准——运算熟练，灵活。在思想上必须充分意识到运算素养的重要意义，将运算技能提升到运算素养的层面，将运算的技巧与发展的思维相结合。学生的数学素养不高，通常跟他们的思维质量有很大的关系，像是思维的严密性、灵活性和逆向性，都会对他们的数学素养产生很大的积极影响。在家庭作业和考试中，有的学生明明知道该怎么解，偏偏就解错了，或者尽管解对了，所使用的解法却很麻烦。

在数算教学中，学生往往会出现一种习惯性思维，这种习惯性思维是一种影响学生顺利获取正确计算策略的认知障碍。这一特点在不同的学生身上有不同的表现。

3. 学生的数学思想方法对其运算素养发展的影响

数学运算素养分类中，包含了数学思想和方法的运用能力，在很大程度上，对数学运算的正确性和简洁性产生了影响。与此同时，它也是学生运算发展能力的基础。我们只有对数学基本思想方法有了清晰的认识，才可以拓宽我们的思维，为我们的运算指明正确的方向，从而让运算顺利进行。培养学生的操作能力，首先要掌握基本的思维和方法。如果学生所掌握的数学思想方法不够完整，或者不够娴熟，就会对学生正确的解题产生影响，在面对具体的问题时，学生会有一种无从下手的感觉。所以，对数学思想方法的掌握，将会对学生数学运算能力的发展产生很大的影响。

对数学思维和方法的把握，能给我们提供解决问题的思路和方法，使问题的解决事半功倍。但实际教学中，个别教师在这方面的教学觉悟不高，忽略了将数学思想方法的学习融入教学环节中。在学习过程中，学生常常忽略了对数学思维方法的关注，具体表现为：侧重于对具体知识和技能的学习，而忽略了对数学思维方法的培养；在知识的生成过程中，只重视结果，而忽视了思维和方法的培养；在知识的运用上，注重就题目进行论述，忽略了对数学思维和方法的阐释和提炼；在进行小结复习的时候，只注重对知识的系统整理，而忽略了对数学思想方法的归纳总结。对数学思想方法的掌握程度，或者运用数学思想方法的熟练程度，都会影响到学生解题的正确率，从而影响高中生数学运算素养的提升。

4. 学生的数学思维影响其运算素养的发展

（1）影响高中生数学运算素养的常见数学思维因素

在分析了高中生数学思维的基本特征之后，我们可以知道，高中生思维中所暴露出来的缺陷，是运算素养发展的障碍。接下来就来详细地分析一下，在此过程中，一些数学思维因素对高中生数学运算素养发展产生的影响。

① 严谨的数学思考

在数学运算的过程中要做到思维严谨，计算的每一个步骤都要合乎算理，重视思考的深度和严谨性，这样才能确保整个数学运算过程都是符合数学逻辑的。在解决问题的时候，学生要仔细地审阅问题，要将这些问题的已知条件以及所需要的问题都搞清楚，尤其要注重将这些问题中所蕴含的潜在条件挖掘出来，选择符合逻辑的计算方法，循序渐进，合理地进行计算。操作过程在任何时候都要校正，操作完成后要核对。尤其是在遇到类似的题目时，更要克服"想当然"的心态，培养严谨思考的习惯，以保证计算的准确性。

② 全面性的数学思考

在进行数学计算的过程中，有时候会遇到一些困难，甚至不能得到题目中的各种量的情况，这时可以将其作为一个整体来进行思考，这样可以使计算变得更加简单，从而提高计算的效率。

③ 逆向思考在数学思考中的应用

有的时候，如果按照常规思路，一步一步地进行数学运算，会显得比较麻烦，而反过来，则会让你豁然开朗，思路清晰，运算简单，这样的话，就可以事半功倍了。如果学生的数学思维很顺畅，那么他们的思想就会变得很灵活，当正向思维难以解决的问题时，他们就会考虑逆向思维。

④发散性的数学思考

在进行数学运算的过程中，不能死板地照搬公式，而要因题而动，要灵活多变，要善于对题目条件信息进行分析，要对自己的思路进行灵活的调整，要进行横向的联想，要对问题进行多角度的分析，采用灵活的运算方法来简化运算，从而提高运算的正确率和速度。

⑤创新思想在数学思想中的应用

在数学运算过程中，有时候会遇到一些新的情况，或者是遇到了一些不能解决的问题，此时就可以在发散思维的基础上，展开联想，积极地建构，采取非常规的方法来解决问题，这就是数学思维的创造力。通过《司马光砸缸》《曹冲称象》等故事，我们都知道，有的人在思考问题时，往往会有一些独到的见解，而在解决问题时，往往会有一些独到的方法。如今，我们在处理很多数学问题的时候，都会要求有这样一种创造性的思维，也就是要针对这些问题的特征，能够用一种非常规的方法去思考和分析，从而快速而又合理地找到问题的答案。

⑥直观性思考在数学思考中

所谓的直觉，就是在没有任何逻辑推理的情况下，在一瞬间做出自己的判断和猜测，也可以是一种"预言"未来的方法。直觉的产生是基于已有的知识，而非凭空猜测。直觉思维作为一种心理反应，是创新思维的先决条件，在许多情况下，直觉思维是产生创新思维的重要因素。直觉和逻辑是两种不同的思维方式，看似对立，实则紧密相连。从一定意义上说，直觉思维是逻辑思维的一个缩影，而逻辑思维又是它的延伸。

（2）影响高中生数学运算素养发展的数学思维障碍

①思想单一化的障碍

从信息源提取上来看，在解决某一类问题时，大多数学生的信息源提取是不完善的，他们对问题的起点只停留在某种形式或内容上，不擅长改变，或者没有多角度地去思考问题，对遇变、求变的理由缺乏准备，从而导致思维障碍。

第一，在数学问题的分析与解决中，学生常常只是按照事情的发展轨迹进行，重视从因果关系出发的思维方式。思维不够完整，没有重视转换思维，没有从多个角度去寻求解决问题的办法。

第二，在某些直观的、熟悉的问题上，同学们一般都很善于解答，但是在面对抽象的、不具体的问题时，他们常常无法把握其实质，各类知识的应用缺乏连续性，缺乏整合性，在数学思考方式上缺乏共性和个性的认识。这种做法会让他们的思想趋于狭窄，进而不利于他们对所学内容的把握。

第三，高中阶段的学生，由于年纪太小，他们的求知欲很强，思维也很活跃，但他们的知识还只是一种直觉的知识，当他们面对一个抽象的问题，没有答案的时候，他们就会露出怀疑的神色，在解决问题的时候，他们只会套用一些简单的公式，而没有太多的灵活性和应变能力。

第四，数学知识系统的综合性特征，对学生的思维提出了更高的要求，要从整体的角度来看待问题，而学生的思维质量在这一点上却有很大的限制。他们经常以一种片面、隔离的视角来看待问题，不能将他们所学习到的数学知识进行整合，而只是简单地照搬照抄，这就导致他们经常只能把握到问题的一个方面，而忽略了其他方面。这样下去，就无法抓住重点，无法形成思想的核心，从而导致思想的混乱。

第五，对一些基础概念、公式等知识的理解、记住程度较低，因而不能正确地运用所学的知识、公式进行分析、推导，对一些问题的结论缺乏多角度的综合分析与评判，缺乏对自己的思考进程的有效调控，从而造成了一些问题的难以解决。

数学概念、公式和法则在数学中有着举足轻重的地位，它是分析数学问题和解决数学问题的依据和准则，只有掌握了这些基本概念、公式和法则，才能顺利地进行问题的分析和解决。基础的概念、法则、公式是解决一切数学难题的基础，如果不能把这些概念、法则、公式记住了，就算有了答案，也是白搭。没有坚实的基础，是不会有高楼大厦的。在数学学习中同样如此，如果不能理解和记住一些概念、公式和规律，就无法把一些数学问题解决得很好。想法很重要，但没有概念，没有公式，没有法则，根本无法解决一个真实的问题。

②知识结构断链障碍

知识结构的断裂链，又称"遗忘"，是指知识间没有形成连贯的网络，导致新的知识与旧的知识发生断裂，进而影响到知识的顺畅、正确的使用和转移。

"非人为关联"是指在已有的认知结构中，新的知识和相关概念之间的逻辑关联。实质关联是新的表征概念和已有的表象、有意义的符号、概念和命题之间的关联。这就需要在学生的头脑中，对所学知识与目标意义之间，有一种符合逻辑的"等价关系"，不然就会产生"知识断裂"的现象。比如说，许多学生无法记住公式，其根本原因就在于没有将公式与基本概念等知识点之间的联系建立起来，而是孤立地、形式地、单纯地死记硬背公式。

因此，"知识断裂"的产生，一方面是因为新的知识没有回归到原来的认知结构中；一些高中生在学习的时候，不注重知识的积累，不擅长对所学过的知识进行系统的总结和梳理，因此，在数学的概念、法则、定理、性质等方面，存在着大量的缺失，这就会阻碍学生数学思维的形成。另外一种情况是，学生在学习新知识的同时，并没有对已有的认知结构进行重新组合和改进，从而导致了学习的形式化和知识的表面化。由于人们对相同的数学概念在不同的表述方式上没有一个统一的认识，使得原有的认知结构不能很好地吸收新的知识。比如，学生对相邻概念分辨不清，不清楚该概念与其上位下位概念之间的联系与区别，因此不能将新知识整合到原有的知识结构中。

③思维定式的阻碍

思维定式是心理学中的一个概念，指人们在很长一段时间内形成的一种习惯的思维方式，是人们按习惯了的相对固定的思路去思考和解决问题的一种形式。思维定式在很多时候都体现为一种思想倾向，一种思想集中，具有正负两方面的作用。在数学学习的初期，经常需要利用积极的思维定式来帮助学生掌握某种新知识。但是，在高中阶段，有些同学在经历了一段时期的学习，在已经有了某种解决问题的方法以后，有些同学可能会对自己的某种看法产生强烈的信念，要他们抛弃这些陈旧的方法是很困难的。这样，他们的思想就会进入到一种"石化"的状态，无法针对新的问题的特征做出灵活的应对，常常会妨碍更理性、更高效的思考，还会导致认知的偏差，进而很可能会出现视而不见和偏见这两种具体的思维障碍。

视而不见是指对于熟知的概念、图形、解题方法，在掌握了其常用功能之后，会形成一定的趋向性和依赖性，此时，学生对于新题目或者新知识在新的条件下是如何转化的，往往就会视而不见，表现出思维的任性化。当新旧问题形似质不同的时候，思维的定式经常会让解题者走入误区，进而导致其产生思维障碍，具体表现为不能实现对数学知识的灵活运用和有效迁移。

在数学学习的过程中，学生很容易被先入为主的观念所支配，而这些观念，有些是学生不自觉地在心里总结出来的，有些则是教师过分强调某些不该定型下来的东西。在以前的学习过程中，学生可以得到一些解题的方法，因为经过了大量的练习，它们已经在自己的知识系统中被固定了下来。当学生学习新知识、解决新问题的时候，他们经常会直接使用这些稳固下来的方法从而对新思路的形成产生干扰和影响。

④分割与孤立障碍

分割与孤立障碍是指将问题分成几个子问题后，不能将子问题排列成一个有利解题的次序，而导致解决困难。

在问题求解过程中，正确地进行问题的辨识和分割，对问题求解具有十分重要的意义。一个数学问题，原本就是由多个小问题连接、拼合、组装而成的，在要解决这些小问题的时候，就必须要在脑海中将这些小问题拆分开来，让它们各自独立，并按照一个对解决它们最有利的次序，一个一个地去解决它们。

但是，并非每个人都能够把问题进行分解，然后再将分解的子问题进行合理的排序，这一点在几何学题上体现得尤为明显。当一些学生面对一个线条较多的图形时，他们的眼睛和脑海中呈现出来的，就像是一张杂乱无章的蜘蛛网，没有任何的头绪，他们的思考也就无法进行下去。

建构论将人的知识体验分为两种类型，一种是结构不良的知识体验，另一种是结构良好的知识体验。结构性差领域具有两大特征：其一，在每一个知识点中，都存在着多个具有广泛应用意义的概念之间的交互作用，这就是概念的复杂性；二是在同一类型的具体事例中，事例中所包含的概念和作用方式存在较大差异，这就是事例间的差异。结构良好领域的知识经验通常指的是规范的、具有内在逻辑联系的、从多种情境中抽象出来的学科的基本概念、原理和方法。当将学科课本中结构良好领域的知识经验应用于具体情境时，就会出现结构不良，在解决具体问题时，课本知识并不是拿来即用，一用就灵，从而导致思维受挫，出现困难。

⑤思想的惯性阻碍

因为在很长一段时间里，学生养成了一种松散、懒惰的不良习惯，他们对繁重的脑力工作感到恐惧，缺少坚持不懈的精神，面对看起来很难克服的困难，他们会畏首畏尾，失去了继续前进的勇气和信心。这种精神上的弱点会引起一种思想上的混乱，这就是我们所说的思想惰性。高中生思维惯性的形成有三个比较典型的特点。第一种是很多学生在学习数学时，依赖性很强，跟着老师走，不能掌握自己的学习主动。他们不会制订计划，只会坐在那里等着上课，期待教师能够对数学问题展开归纳概括，并将其分门别类地一一讲解，突出重点、难点和关键；期待教师能够为自己提供详细的解题示范，方便自己一步一步地模仿和硬套。第二种情况是，高中生会有意无意地过度依赖自己的直觉图像。在无法对所思事物进行解释的情况下，就会产生迟疑，这就是理论抽象性思维的不足。第三个原因是学生在学习过程中过于依赖已有的思维方式。碰到一种问题，只能希望使用现成的模型，不然就会一筹莫展，束手无策。这体现了学生在思考上的灵活性、创造力等方面的不足。在高中生的数学学习过程中，思维的惰性主要表现为：学生对数学感到厌倦，对数学充满了排斥，甚至对数学产生了抗拒，并采取了消极的行动，为自己寻找原因，有意识地或无意识地为自己的思维设置了障碍和陷阱。调查显示，正是因为有了"怕"这个心理障碍，很多学生的学业成绩才会变得很差，甚至变得很难。由此可以看出，"怕"的思维方式给学生的数学操作能力的培养与提高带来了很大的消极影响。

⑥ 情感性精神疾病

心理研究发现，学生在学习过程中的情绪变化与其解决问题能力之间存在着很大的联系。适度的焦虑感对问题的解决有帮助，但过度的焦虑感会使问题的解决变得困难，从而导致的思考困难。这种问题被称作"情绪化"。

数学优等生因为经历了多次的失败而产生了较大的焦虑，从而导致了思维障碍。情绪型障碍通常会呈现出对学习缺少正面的情感体验，以及在学习过程中的情绪波动，因为他们的心理状态不健康，所以导致学习动机降低，从而影响到他们的学习能力。学生在思维受阻的时候，往往会非常的焦躁，他们又很想去尝试，结果是一次又一次的失败，这就更加加重了他们的焦躁，最终导致思维混乱。

情绪是指人对外部环境抱持的积极或消极的态度。只要是能够满足人的需求，就会产生正面的情绪，反之则会产生负面的情绪。由于情感因素的影响，学生的思维和记忆能力等认知功能受到了抑制和阻碍，从而影响了学生的学习效果。由于情感因素的影响，学生的数学思考能力受到了很大的阻碍。个别的学生一受到不良的刺激，或者一遇到不熟悉的题目，就会产生过度紧张、心理失衡的情况，最终因为思维混乱而造成运算和解题的失败。

（三）教师教学因素分析

1. 教师因素影响高中生数学运算素养的发展

（1）关于教师对操作能力的认知。如果教师认为数学运算素养不是很重要，或没有正确理解数学运算，在教学中将无法更好地提高学生的运算素养，或只是将其转化为只注重形成过程，而不注重结论等的推理过程，不会更细致地分析这些问题。尤其是在考试之前的某些复习中，不注重对运算过程的分析，不注重学生在运算过程中的一些细节问题，仅仅对题目的意思和解题方法进行解释，这种情况下，对学生的数学运算过程的指导就显得毫无意义，甚至毫无针对性。最终导致学生在遇到与运算相关的题目时，不会将运算的过程当成一回事，不屑于进行计算，认为自己不需要仔细计算，就能得到正确的结果。长期来看，不仅不利于学生数学素质的提高，而且会使他们的正确率大大降低。

（2）师徒关系。在课堂中，教师要发挥的作用就是创造一个积极主动的教学情境，之后，学生可以进行自主学习，并在教师的协助下成功地完成本节课的学习，这种新的教学方式也会对学生的数学运算素养产生影响。教师与学生之间的关系是一个重要的因素，它直接影响着学生的学习和发展。教师与学生之间的关系通过影响学生的学校归属感，进而影响学生的自我概念。在教学过程中，学生与教师之间的关系越好，他们的学习兴趣也就越高。换言之，师生关系与学生数学运算素养的发展存在着正相关性，也就是师生关系越好，学生的数学运算素养发展也就越好。

（3）对教师的数学思维与方法的理解。在进行数学思维方法的教学过程中，教师若对数学思维方法的认知不足，将严重影响学生的计算能力的培养，进而影响到学生的计算能力的提高。如果教师对一些基础知识的讲解有所轻视，对学生的解题思想的指导不够重视，对基本技能的训练比较偏重，缺少对数学思想方法的指导，那么就不利于学生对知识、原理的理解与迁移，从而对学生运算素养的培养产生不利影响。这就要求广大教师在数学思想和方法方面给予足够的关注。比如，在学习实数的过程中，教师可以通过对有理数的联想、对有理数的类推等方式来教学；在学习分式的时候，教师要引导学生与整式相联系，通过对整式的类比，对比两者之间的不同之处，从而对计算有更深一步的认识，从而大大提升他们的运算能力。

2. 教学因素影响高中生数学运算素养的发展

学校教育对学生的数学学习和数学能力的发展有着直接的影响，学校的教育管理、教学设备、教学活动、师资力量、师生关系及师生双边的互动等都对学生的数学运算素养的发展产生重要的影响。

（1）新课程教材因素

在新的课程教材中，加入了很多具有趣味性的知识，这些知识更能满足生活中的实际需求，与学生在数学中体验、感受生活的新理念相吻合。与此同时，新教材也为学生提供了丰富的学习材料，为他们提供了更多的动手、动脑的学习机会，让老师们更加重视对学生的自我学习。这些教材的变化，让老师更愿意教，学生更愿意学，让学生在学习中感受到数学的快乐，感受到数学的直观性、感知力和重要性，提高了学生对数学的兴趣和热爱，这将极大地帮助学生数学操作能力的发展和提高。

除了以上的因素分析之外，新教材在一些知识内容上也进行了很大的改动，特别是在知识的难度设计方面，对一些较为复杂且并不常见的内容不做任何要求，而对那些难度较大的知识也进行了相应的调整，让学生不再害怕数学运算。事物的发展往往是两面性的，新教材中对数学运算的要求降低了很多，但正是因为这样，学生的运算量也降低了很多，这对学生的数学运算素养的提升有很大的影响。

也有一些数学教师喜欢将所有的事情都考虑到，他们认为，学生见的题型越多越好，多多益善；他们认为，题目越难，就越能提升学生的能力，所以，他们选择的教辅材料就会比较难。但是，对于学生来说，他们的知识和能力都是有限的，总是被老师带着，被教辅材料带着，不能真正理解问题的实质，不能彻底消化所学的知识，不能真正地提升学生的数学操作素养。所以，我们在选择教材和教学辅助资料时，一定要从学生的实际出发，不要对他们的学习水平有高估，但也不要低估他们。

（2）"快餐式"教学的逐渐盛行

随着现代科技的不断发展，高中教育的方式也变得越来越倾向于快餐式。比如，多媒体教学给学生带来了形象、生动、直观的感受。然而，放电影式的多媒体教学方式，导致学生的思维不能及时跟上播放的内容，从而无法展开思考，进而使得学生的运算能力逐步减弱，长期下去，会使学生产生惰性心理。比如，各种例题在屏幕上呈现得整整齐齐，极大地缩短了书写过程，从而缩短了学生的思考时间，与此同时，学生不但要理解教师的讲解，还可能被某一精美的课件所吸引，而忽略了学习的实际内容。即便学生没有对所学的问题进行思考，但从表面上来看，他们也是一副认真听讲的样子，使得教师很难对学生的听讲情况进行判断。而这些问题的结果，最终可能都体现在考试成绩上，这无疑会对他们的自尊心和学习兴趣造成很大的打击。

此外，因特网的使用也将"速食教育"带入了家中，当孩子们面对不懂的功课时，多数都会借助互联网来寻找答案。但是，如果在家里没有专业的教师进行指导，学生并不能完全理解答案中的解题思路和解题方法。但是，在教师批改作业的时候，这一问题又不会被发现，这就导致了教学和讲解工作出现巨大的漏洞。而且，及时获取答案的学习方式，会大大减少学生的独立思考时间和试错机会，这在很大程度上会影响到学生的运算素养。

第五节 基于直观想象素养的高中数学教学模式

一、直观想象素养相关概述

（一）直观想象核心素养的内涵

直观想象素养是以几何直观和空间想象为基础，来感知事物的形态与变化，运用空间形式尤其是图形来理解并解决数学问题的素养。具体内容包括：通过空间来认识事物的位置关系、形态变化与运动规律；运用图形对数学问题进行描述和分析；通过对形式和数量之间的关系的研究，建立数学问题的直观性模型，并对问题的解法进行了探讨。

关于直观想象，我们不能简单地把它看作是几何直觉和空间想象的混合体。几何直觉是指通过图形来表达数学符号；空间想象是与生活场景相结合，加工、改造几何图形的运动、变换和位置关系，甚至创造出新的空间形象。在这两种文化融合后，应当更加重视价值取向的扩展，例如，在寻求问题的答案时，可以利用图形的直觉来扩展思维的空间。在求解问题时，要把握好直观和想象之间的关系，直观属于具体，想象属于抽象，不能只考虑解决问题的方式，只有将二者结合起来，才能对问题进行更具体的分析，从而将问题解决。而关于直观想象的核心素养，我们要把握好"空间认识""图形描述""直观建模"等关键问题，这对我们在高中数学课堂上培养学生的直观想象能力有很大的启发意义。

M·克莱因提出："在数学中，直观的想象力是指能够直接抓住概念和证明的要点。"根据陈琦和刘儒德的观点，想象是人的思维活动，它通过对已有的表象进行重新处理，产生新的认识意象。在此基础上，作者提出了"直观想象能力"的概念。曹才翰和蔡金法对直觉想象力的认识，在他们的《数学教育学概论》一书中，有明确的表述："根据真实的环境，把几何的表象加以处理和改变，从而产生新的意象的能力。"

徐利治认为，直觉是个人对事物之间的联系，经过个人的观察、联想、类比、测验，从而得到的一种直觉与认知。在数学中，直觉想象力是指通过观察到的或能够联想到的几何图形间的形象关系，从而对数量关系有一种直观的感觉。

杜佩璟认为，高中学生的直觉想象力可划分为几何直觉想象力与代数直觉想象力两大类。几何直觉想象力是指能够把数学表达式或其他几何学语言转换成图或其他几何学语言；代数学直观想象指的是将各种不同的数学形式用不同的数学形式表达，或将其他不同的形式转化为不同的数学代数形式。在新课标中，提出了一种观点，在一个复杂的情况下，可以利用图形，通过自己的直观想象，找到问题，并利用图形与图形，图形与数量的关系来解决问题。

综上所述，我们可以认为，直观想象能力包括了几何和代数两个方面，也包括了图像和思维两个方面。具体来说，直观想象能力就是一个学生可以将直观的数与直观的形进行互相转化，并利用数学问题的现象来把握它的本质，进而可以用它来解决一个数学问题。直观想象是基于几何直观和空间想象，来感知物体的形态与变化，利用空间形式特别是图形来理解与解决数学问题的素养，这一素养主要是通过空间来认识物体的位置关系、形态变化与运动规律，应用图解法来说明、分析数学问题。我们从"形"与"量"的联系入手，构建了"形"与"量"的直观模型，并讨论了"形"与"量"的直接求解方法。直观想象在学生的认知能力中起着非常重要的作用，它对学生的数学思维和思维的发展有着非常重要的意义。教学中的直觉可以是理性的直觉，即观察图形的形状和结构，观察图形的各个组成部分的联系；或者，它也可以被赋予一种直觉的想象力，去发掘事物的表层后面隐藏着的更深层次的东西。

直观想象力除包含几何直觉与空间直觉外，还与合情推理、数形结合等紧密联系。在使用几何直觉直观地了解或者解决数学问题的时候，必须使用几何图形来对问题进行描述，也就是以已经存在的图形或者大脑中想象出来的几何图形的形象为基础，得到对直观分析最为有利的几何图形，以此为基础来形成探索解决问题的思路，并建立起对知识的理解和把握。因此，在教学中，如何更好地发挥几何直觉的作用，是提高学生空间想象能力的关键。

　　归纳与类推是合情推理的两种基本类型。从归纳推理中得出的数学结论虽有偏差，却有从具体到抽象、从特殊到普遍的认知作用，在寻找数学结论方面起着重要作用；在教学过程中，类比推理也发挥着重要的作用，它是一种以直观的方式去发现新、旧知识之间的关系，并通过想象力去获取新的知识。所以，在语言学习中，合情推理是一种主要的思维方式，它是由直觉想象所决定的。在数形结合方面，数学知识同时具有数与形两个基本特性，数形结合表现出了对知识表象资料的转换与重新组合，它既是一种想象力的过程，又是一种解决问题的策略。"数"与"形"相结合的解题方法主要有"形中觅数"与"数中构形"两条。数形结合实现了从抽象问题到形象图形的转换，在直观化和具体化的数学问题中，更易于掌握问题的实质。

　　在数学教学过程中，直观想象指的是教师向学生传授的一种感知事物，发现、思考和解决问题的一种方式。而直观想象素养指的是学生在学习了直观想象的方法之后，自己所形成的一种能力，直观想象素养是伴随着对数学知识的学习而不断提高的。

　　经过对有关文献的研究，我们可以看到，目前，关于直观想象，人们并没有一个一致的认知与定义，许多专家与学者也仅仅是从认知心理学、数学、哲学等不同学科的视角，提出了自己的认知观点。从心理学的观点来看，直观想象是通过对客观事物的直接接触，得到感性的认识，在大脑中对已有的表象进行加工改造成新形象的心理过程。从数学解决问题的方法来看，直观想象是通过图形，对数学研究对象进行思考和想象，其实质上是一种以图形为基础进行想象的思维能力。从连通性的观点来看，直觉想象力包含了两个层次，即几何直觉与空间想象。几何直觉是指运用图形所具有的生动、形象的特点，对数学问题进行直观的描述与分析。空间想象的内容主要有以下几个方面：第一，学习用符号语言来描述空间形象；第二，将立体图与平面图转换为立体图；第三，具有拆散并重新组合空间图案的能力。直观性想象是一种对事物本质及其发展规律的认知，是一种建立数学感觉的根本方法。

　　直观想象素养则是"几何直观"与"空间观念"相结合的结果。课程标准对直观想象的含义进行了清晰的界定，提出直观想象是指通过几何直观和空间想象来感知客观事物的形态与变化，并利用空间形式特别是图形来理解和解决数学问题的素质，其主要内容有：通过空间形式来认识物体的位置关系、形态变化与运动规律；应用图解法来说明、分析数学问题；通过对形式和数量的关系进行分析，对数学问题进行直观建模，并对问题的解法进行探讨。

笔者认为，直观想象是指学习者在掌握了一定的图形与几何知识后，以图形为一种载体，用数学的眼睛去感受所研究对象的位置关系和形态变化，通过图形来描述和分析数学问题，使问题形象化、简洁化，进而探明问题的解决思路，并对结果做出预测的过程。直观想象要求把数学问题转化为图形，通过图形来进行思维和行动，本书中关于直观想象的定义符合《普通高中数学课程标准（2017年版2020年修订）》中关于直观想象的规定。与此同时，对课程标准中"借助几何直观和空间想象来感知客观事物的形态与变化"进行了详细的说明，并着重指出了几何直观和空间想象之间的相互关系。

（二）直观想象核心素养的表现

《普通高中数学课程标准（2017年版2020年修订）》提出了"直观想象力"的概念，强调了"形象与数量的关系""以几何形象来描述问题""以几何形象来理解问题""以空间形象来认识事物"等观点。从以上直觉想象的表现，我们可以从如下方面对其进行详细的说明。首先是数字与形式的组合。数学是一种对数量关系和空间形式进行研究的科学，它可以用图形来解决问题，也可以用数字符号来表示，用数形结合的思维方式来构建形与数之间的关系，这是学习数学所需要的素质。其次是图形描述。在直观的想象力素质中，图的描述是一个非常直接的概念，它利用几何图形之间的联系来表达一个比较复杂和抽象的问题，即把研究问题用图像化的方式来表达，让人直接感知空间形式以及数量关系，整体把握，使复杂的数学问题变得简洁、形象，促进数学的思考和想象。最后是利用空间想象来理解事物。要以物体的特点为基础，对几何图形进行抽象，并以几何图形为基础，对所描述的物体进行想象，对物体的方位和相互之间的位置关系进行想象，对图形的运动和变化进行描述。

1. 建立形与数的联系

华罗庚曾经说过："数形本是两依倚，焉能分作两边飞；数缺形时少直观，形少数时难入微；数形结合百般好，割裂分家万事休。"数形结合思想是将具有几何意义的数量关系以一定的技巧与空间形式（更多的是图表）之间的相互联系，将抽象的数学语言与直观的几何图形相联系，进而促进问题解决的一种重要的数学思想。它能从几何学角度直接体现问题核心，在高中数学立体几何定理的教学中，尤其是在"空间向量与立体几何"这一板块的教学中，起着非常关键的作用。该算法能够高效地完成代数和几何的转换，为求解问题提出新的途径，拓展解题的思维，达到以数为形，以数为形的目的。

2. 利用几何图形描述问题

用几何图形对数学问题进行描述，是解决数学问题的一种思路，它可以通过对数学问题中条件和结论的挖掘和分析，并在几何图形中的基本要素之间的关系的帮助下，有效地对问题进行描述。进一步地，通过分解、重组和演绎推理等方式，来完成对数学问题的解决，从而达到对数学问题本质的理解。

3. 运用空间想象认识事物

利用空间想象来认知事物，是一个逐步发展的过程。任子朝等人认为，空间想象力的结构从低到高，分别是空间概念（从客观对象想象出几何图案，用几何图案来描述客观对象，想象并描述对象的位置和形状的变化）—几何表象的创建（利用图形表达文字的方式）—几何表象的运算（在脑海中对原来的表象建立新的表象的运算，或对新的表象的运算）。在这个过程中，通常是图形的平移、翻折、旋转、重组或拆分等运算。

（三）数学直观想象的水平划分

范希尔几何思维层次可分为五个层次，可供学生进行思维层次划分时参考。霍弗研究了学生使用图解和操作工具的过程，并按照他们直观化的能力将他们划分为5个级别。李秉德老师从各个年龄段的学生出发，对其所涉及的抽象与具体两个方面进行了调查。殷殿宇将高中生的直觉和想象力划分为三个等级进行了比较，这对于这一次的教学实践研究有一定的参考价值。

1. 范希尔几何思维水平理论

范希尔夫妻二人都是数学老师，每天都要面对这样的问题。他们认为，通常，学生的思想水平无法与教科书中的问题及专业术语相匹配，因而无法与其所要求的知识相匹配，这种迷惑使他们转向了皮亚杰的著作。他们对此进行了长期的探讨，并将其归纳为五个层次的几何思考。这个观点首先刊登在他们夫妻二人1957年于乌特勒克大学共同撰写的一篇博士论文中。他们认为，在几何思考层次上有以下几个层次。

0级，也就是直觉水准。学生可以根据图形的整体轮廓来识别图形，可以画图或仿画图形，但不能根据图形的性质特征和要素来认识图形。举例来说，学生会称某事物为圆，只因其看上去像月亮。

1级，代表着"分析"等级。在这个时期，学生已经具有了一些分析的技能，能够分析出图形的构成元素和特点，能够运用这些特点来求解几何问题，但是还不能完全了解图形的概念和图形的性质。

2阶，属于抽象化阶段。这一阶段，学生具有了一定的抽象思维、迁移能力和想象力，能够理解到图形的多种性质之间的联系，例如，三角形的内角越大则对边越长。

3级，也就是演绎水准。学生认识到证明的重要，并且能够运用已有的命题去证明新的命题。

4级，也就是严格程度。该水平要求学生能够严格地构建各种公理体系下的定理，从而能够对各种几何体系进行分析与对比，例如欧式与非欧等。

范希尔几何思维层次是一种比较早的关于直觉几何和学生直觉思维层次划分的理论。在直观想象能力中，学生需要具备一定的直观化能力，而直观想象能力与几何思维是分不开的。通常的直觉思维方式有两种：一是把代数转换成几何，二是把几何转换成代数。所以，有必要对学生的几何思维进行考查。

2. 霍弗直观化能力五级水平理论

霍弗提出，要使学生在解答几何问题时具备直观化的能力，所以，在使用图示和操作手段时，要多加注意。霍弗提出了一种用实际例子说明形象化技能在五级形象化技能发展中的作用的理论体系，见表3-5-1。

表3-5-1　直观化能力五级水平划分

能力/水平	水平1	水平2	水平3	水平4	水平5
直观化	下列图形哪个是长方形？	矩形有几对对称边？	你能在四面体中找出一个长方形的区段吗？	长方形的纸可以被卷成一个直筒形，如果你想卷出一个斜筒形，你需要什么样的纸型呢？	在其他几何体系中是否存在对角线不相等的矩形？

霍弗的直观化能力五级层次理论，将学生在平面几何与立体几何上的不同发展程度与表现分为不同的层次，这也是在高中课堂上，需要使用图形与操作工具（例如，立体几何与平面矢量章）进行教学时可以参考的。

3. 其他有关数学直观想象能力水平理论

李秉德教授认为，在讲授过程中，可采用几何形象化的方法，让学生更好地理解抽象的概念，而在讲授方法的选取上，则应依学生的年龄、智力及目前的程度，把他们分为不同的层级。不同年龄段的学生，其思维中抽象与具体的成分所占的比重也不尽相同。李秉德教授指出，随着年龄的增长，抽象因素所占比例逐渐增大，具体因素所占比例逐渐减小，但具体因素所占比例仍较大，这一思维规律决定了在教学中应注重直观性。

李秉德教授所提出的这种关系理论启发了老师们，在高中的教学过程中，随着学生的年龄越来越大，抽象的内容所占的比重越来越大，而具体的内容所占的比重始终更大，但这种理论仅仅是一种定性分析，而不是一种具体的参照比例，所以老师们在实际操作中，还要按照学生的学习情况来把握。

殷殿宇以前人的研究理论为基础，在对其进行分析比较的基础上，将其分为以下三个层次。

水平1：学生能够在自己所熟知的环境中，对数学的概念、规律进行直观的抽象化，运用演绎的方式，从特定的情形中，总结出一般的数学命题，并通过对已经学会的数学方法的模仿，来求解某些简单的问题。能够解释数学的概念和规律，能够了解数学命题的条件和结论，能够从所知道的情况中对数学问题进行抽象。可以理解数学化的推理和证明，可以在解决类似问题的过程中，领悟到数学通性通法的重要意义，并且可以感受到其中所包含的数学思想。

水平2：能够在有关的环境中对通用的数学概念和规律进行抽象，能够对已知的命题进行推广，能够在不了解的环境中对其进行选取和应用，从而能够对问题进行求解。能够运用实例解释一些抽象的数学观念与规则，理解一些数学命题的产生与发展过程。理解这些概念之间的联系，然后在此基础上构建自己的数学模型。能够掌握数学化的概念、规则、推断和证明。能够归纳出一种问题的普遍规律，并且能够了解其后面的数学观念。能用数理语言表达特定的现象。

水平3：能在综合性情境下对数学问题进行抽象化、数学化表达；能根据已有的结果提出新的数学命题；具有较强的创新能力，能较好地解决特定的数学问题。能了解数学的抽象构造，能领悟较高层次的数学知识体系。可以在实际的问题情境中，掌握并将数学特征进行数学化，领悟数学原理的通性、通法以及所包含的数学思想。能够以数学的方式沟通，运用数学的原则来说明自然与社会现象。

殷殿宇根据数学课标的要求，把直觉和想象力分为三个方面，即函数和应用、矢量和几何和统计和概率。根据直观想象的具体表现，可以将其分为两种，一种是几何直观想象，另一种是代数直观想象。

二、高中生直观想象素养的水平现状

（一）高中生直观想象素养的水平现状

薛恒指出，在义务教育结束以后，学生的思维特点是形象思维能力比较强，抽象思维和直观想象能力有了很大的发展，但是抽象归纳和逻辑推理能力还比较欠缺。对于这一时期的学生来说，他们使用数字和数字相结合的方法来解决问题的思维得到了很大的发展，同时他们利用直观的信息来解决问题的能力也得到了很大的提高，但是他们在使用图表来进行推理上仍然存在着很多问题。在课程上，他与学生的交流中发现，许多学生对"图形与几何"章节的学习兴趣不大，目前，高中生普遍反映几何课的学习难度较大，尤其是图形的变换、几何的计算、几何的证明。其实，造成这种现象的根本原因在于，学生的思维模式还没有转换好，不能从直观的数字联想到形，也不能从形联想到数。这是由于学生以前所接触到的知识都是从代数或者单纯的图形开始的，他们的思维也只是一种单一的思维模式，没有很好地将数和形这两种属性融合在一起。

潘进利指出，目前在解决问题时，学生对数学的认识还不够深刻，他们常常受题中的字面意思所限，只从代数的观点来看问题，这就导致了他们的直觉和想象力没有得到很好的培养。他将这种状况归咎于传统的教学，认为是传统的教学方式使学生不能从数量上跳到形式上，也不能从图上联想到代数的解法。

苑建广认为，在运用和形成直觉想象力的过程中，存在着不同的水平、不同的层次。首先，要有准确的直观意识。其次，对该课程进行了详细的教学实践和研究。然后，在此基础上，培养学生的直觉思维，使学生在遇到问题时，能够更好地运用直觉思维进行问题的分析与解决。他觉得，高中阶段的学生在培养自己的直观想象力时，往往会忽视从实际事物出发的对几何的认知。因此，很多学生对几何命题的认知不够深入，而他们对直观想象力的认知仅仅局限在对图形的认知与理解上，他们利用直观想象力来进行图形推理的能力很弱。

蔡志宾老师认为，高中阶段的学生在立体几何这一章中，缺少了运用直觉和想象力来解答问题的意识，而且由于教师对空间几何图形的教育不够深入，造成了学生在立体几何图形的绘制方面，他们的直觉、想象力、代数运算、逻辑推理能力都很差，他们对立体几何图形的认知也很差，当他们在解答立体几何的证明题目时，往往无法正确地从脑海中抽取出相应的证明定理，因此，他们对这些定理的认识也不够深刻。经过调查，他发现，大多数学生都靠死记硬背来理解这些定理，并没有联想真实的模式来记住它们，他们缺少了运用直觉想象力来解决问题的意识与能力。

综上所述，高中生的直观想象素养的水平现状大致表现为以下几个方面。

1. 文理科生在直观想象核心素养上存在差异

理科学生的直观想象力显著优于文科学生。理科学生在所学数学知识的难度，广度，深度上都要比文科学生更高。理科生对数学知识的掌握比较全面，理解也比较扎实，这就造成了在面对同样问题的数学情境时，理科生的表现要高于文科生，表现得更稳定。造成这种差别的原因之一，是因为他们的思维方式和学习习惯不同。相对于理科生来说，文科生的抽象思维水平不高，但是他们在对直观的事物的认识方面，拥有更好的形象思维和直觉思维，可以更好地将直观图形与文字语言进行转换。在获得知识的过程中，直观、简单的描述和物理模型比较容易被人们所接受，但是在推理的过程中却很难被人们接受。在数学的学习中，人们只注重结果，而忽略了知识结构之间的联系，这就造成了文科学生的数学能力比理科生要差。另外，大部分的文科学生对数学没有太大的兴趣，对数学有一种普遍的焦虑、恐惧和畏难的心理。在做题的时候，会习惯性地模仿他人的解题思路，或者更愿意去听教师的讲解，或者去看资料上的解答，缺乏自己对题目的看法和思考。学生对教师的依赖程度较高，只希望教师把问题讲得明明白白，而不愿意自己动脑子去想；课堂上只听教师的答案，而忽略了教师对问题的剖析；当遇到困难时，会选择放弃和后退，说明意志不够坚定。

但是，大部分的理科生都对数学抱有较好的兴趣，他们在数学学习方面拥有良好的学习和解题习惯。当教师讲解题目或者传授新知识的时候，他们会对教师的解题思路进行认真的思考，从中获得一些感悟，而不是一味地做笔记，并将解题技巧记下来。当他们在面对难题的时候，有较好的探索精神，并不畏惧困难。此外，他们对于数学的三种基本语言（图形语言、数学符号语言、文字语言）拥有较强的运用能力，他们不仅注重知识的获取过程，还更加注重知识结构之间的相互联系，他们所掌握的知识较为全面系统，数学思维能力也比文科生要强大，可以将所学的数学知识和思想方法融会贯通。这就是为什么文理生在直觉想象力方面，表现出来的差距如此之大。

2. 男女生在直观想象素养上存在差异

高一学生在直观想象能力上有明显的性别差异，从平均水平相比较，男生的直观想象能力略高于女生。在解题过程中，如果遇到需要作图证明的问题，女生一般需要看到实物模型，然后去建立与之对应的几何图形，这样她们才可以利用图形去进行分析和思考。而男生则大多不需要物理模型，而直接在脑海中构建出一幅图来解决问题。有关资料显示，在情感与记忆上，女生具有显著的优势；但是，女生在空间想象力与抽象性的综合应用能力则明显低于男生。女生对直觉知性物质的反应受其脑组成的影响，对空间关系的加工能力较差；女性的短时记忆水平高于男性，而长期记忆水平则低于男性。结果显示，女生对各类直觉与记忆型数据的处理能力较强，而男生则表现出较强的空间推断能力与关联性。尤其在第二章的学习中，男学生的理解明显好于女学生。

从心理学的角度来分析，导致男女学生在直观想象上存在性别差异的原因，除了男女学生生理构造上存在差异的先天因素之外，还有来自家庭、学校、社会等各个方面的外部因素的影响。据一些资料表明，儿童时期的生活经历对直观想象起着不可或缺的作用，例如小时候男孩常玩的魔方等玩具，这类玩具的空间感会促进男孩初步发展直观想象能力。受某些传统思想的影响，男生大多从事与科学有关的工作，如建筑、机械工程等，与数学关系密切；而女学生一般都是从事翻译、教师之类的工作，和数学没什么关系。这种传统的思维方式在一定程度上阻碍了学生的直觉和想象力的发展；而这种观念则进一步影响了男女学生对数学的学习态度，尤其是在面对立体几何和解析几何较难的知识时，女生的学习积极性远远低于男生，这也导致了男女学生在直观想象上的不同。

3. 不同年级学生在直观想象素养上存在差异

高中生在直观想象能力上有明显的年级差异，并与平均水平相比较，高三学生的直觉想象能力明显优于高二学生。这是因为高三学生的知识系统和知识结构更加完整系统。高三学生在进行测试时，已经进行了一轮系统的总复习，他们所学的知识更加牢固，知识体系更加完善，解题经验更加丰富，解题技巧也更加熟练。而高二的学生刚刚完成了高中阶段的知识，与高三的学生相比，他们缺乏对知识的连接和结构的系统训练，所以他们的直觉想象能力要比高三的学生差。

（二）高中生直观想象素养的影响因素

1.直观想象素养的四个方面的影响因素

（1）直观想象素养情境与问题方面

在直观想象素养的情境和问题上，教师的行动有：训练学生对真实世界中的实物、模型和图片的观察能力；说明简单组合体的构造特点，并对真实世界中的对象进行描述；在教学中，训练学生在数学和图形之间建立关系，表达数学中的变化规律；引导学生能由实体抽象化出立体图像，并鼓励他们去探究图像；引导学生把观察到的事物转化为抽象事物；引导学生在"直观想象"中获得丰富的体验；指导学生用几何直观解决向量问题。

教师的行为会对直观想象素养情境与问题产生逆向影响，具体表现为：重视在教学过程中，对函数图像的功能进行挖掘，从中提炼出不同类型函数的基本性质，引导学生找出共同的答案。

这些活动对教师的教学有很大的影响，主要表现在：训练学生对真实生活中的实物、模型、图片的观察；引导学生在"直观想象"中获得丰富的体验；引导学生把所观察到的事物加以抽象化。

（2）直观想象素养知识与技能方面

在直观想象素养的知识和技巧上，教师的行动有：让学生自己动手做模型，并在此基础上，提出一种新的教学方法；培养学生数形结合的能力；在教学过程中，要重视对函数图形的发掘，并对各种函数图形的基本性质进行深入的研究；引导学生找到普遍性，给出答案；对于较难的问题，引导学生互相合作。在直觉想象素养的知识和技巧上，教师的以下行为有逆向作用：训练学生对真实世界中的实物、模型和图片的观察能力；运用图文并茂的方法，将数学中的抽象思维与逻辑思维有机地结合在一起；引导学生从实体到立体图像的抽象化；选择有代表性的题目，认真设计题目；训练学生"将立体图像转化为平面图像"的能力；引导学生运用思辨论证，量表计算。

其中，具有较大影响力的教师的教学行为包括：重视在教学过程中函数图像的影响，从中提炼出不同类型函数的基本性质，并筛选出典型的数学内容，精心设计问题；训练学生"将立体图像转化为平面图像"的能力；引导学生找出共同的答案。

（3）直观想象素养思维与表达方面

在直观想象素养的思考与表达上，教师的积极作用包括：训练学生运用图示进行分析与寻找问题的思考能力；引导学生在学习过程中逐渐养成数形结合的思想与方法等。在此基础上，训练学生将图像语言转化为文字语言的能力。

在直观想象素养的思维和表达上，教师的以下行为会产生逆向作用：培养学生建立数学和图形之间的关系，表现出数学的变化规律；训练学生对真实生活的观察能力；引导学生在"直观想象"中获得丰富的体验。

这些活动对学生的直观想象有很大的影响，主要表现在：让学生自己动手做实验，自己做模型；引导学生逐渐养成数形结合的思想与方法。

（4）直观想象素养交流与反思方面

在直观想象素养的沟通和反省上，教师的行动表现为：透过学生的直觉，加强他们的空间概念；使学生能够运用图示的语言来表达数学问题；让学生在讨论中提问和交换思想等。

在直观想象素养的沟通与反省中，教师行为的逆向作用主要表现在：让学生自己动手操作，做好模型；训练学生运用图表进行分析，寻找问题的思考能力；选择有代表性的题目，认真设计题目；训练学生"以直觉图解表达立体图解"的能力。这些活动对教师的教学有很大的影响，主要有：让学生提问，并在讨论中表达自己的观点；对于较难的问题，同学们可以互相合作。

2. 直观想象素养三个水平的影响因素

（1）直观想象素养水平一

教师对直观想象素养水平一有正向影响的行为：在教学中培养学生观察真实世界中的实物、模型和图片；运用图文并茂的方法，将数学中的抽象思维与逻辑思维相结合；鼓励学生运用图形来描述函数的变化；引导学生运用思辨论证、量度计算表；对于较难的问题，引导同学们通过小组协作来解决等。

教师对直观想象素养水平一产生逆向作用的行为：培养学生"将立体图形

映射到平面"的能力；训练学生"以直觉图表达立体图"的能力等。

（2）直观想象素养水平二

教师对直观想象素养水平二有积极的影响的行为：在教学中，对简单组合体的结构特点进行说明，对真实生活中的对象进行描述；在较难的问题上，鼓励学生进行小组合作等。

在直观想象素养水平二方面，教师的逆向作用，主要表现在：运用图文并茂的方式，将数学的形象思维与逻辑思维相结合；选择有代表性的题目，认真设计题目；训练学生"将立体图像转化为平面图像"的能力。这些教育活动对学生产生了较大的影响。

三、基于直观想象素养的高中数学教学策略

（一）在新授课教学中培养学生直观想象素养的策略

在学习数学新知识的过程中，直观想象素养起到了十分关键的作用。在高中数学中，有许多知识点的讲解，都需要使用直观想象素养。例如，在立体几何中线和圆的位置关系的判断中，就要求用图表将线和圆的三种位置关系表现得很直观；在泛函教学中，为了更好地展示泛函的特性，必须使用泛函图形。在高中数学教学中，要讲解到这类知识，就需要用直观的形象化来提高学生对知识本质的认识。在课堂上，同学们跟着教师走，经过对直观想象素质的经验和方式的归纳，从而提升自己的整体水平。直观想象素养是不能直接向同学们传授的，所以，要想让同学们的直观想象素养得到提升，就一定要在课堂上完成。因此，在课堂中，教师若能创设合适的问题情境，进行学习活动等，并将其纳入日常的教学中，将会极大地促进学生的直观想象素养的提升。

（二）在数学解题教学中培养学生直观想象素养的策略

1. 将数学问题"图形化"

在数学解题过程中，教师应提倡利用图解法来解决问题。一旦学生养成了使用图形解决问题的习惯，在今后的学习中，就能逐渐提高自己的直观想象素养。在求解一个数学问题时，必须先了解这个问题，再把它表示出来。但是，表达的形式并非单一，不同的表达形式可能导致问题的解决方案也不尽相同，因此，一道问题往往存在多重的解决方式。归纳了普通高中数学课程中几何直观的解题表征形式，大致可分为直观示意图、几何图形和函数图像。

（1）解题教学中的直观示意图表征。直观性原理图旨在把繁复的语言表达式转换成生动、简洁的图形。在解决问题时，运用直观的图示，将有助于我们更好地了解问题的含义。直观示意图的表达方式也很多，如线段示意图、树形图、Venn图、图表等。

（2）解题教学中的几何图形表征。许多情况下，在求解一个数学问题时，都会借助到图像的帮助。而图形辅助的方法也有很多，有些是要画出平面图，有些是要画出立体图，但最终的目标都是要更好地解决问题。在遇到这一类型的问题时，学生自己可以认识到要借助图表，但是他们并不能很好地掌握到底要用什么样的图形辅助，教师要在适当的时候给予指导。通过这种方法解决问题，能培养学生构造相应的数学符号的能力，并能提高他们的直觉和想象力。

（3）解题教学中的函数图像表征。函数作为一项与高中数学课程紧密联系的知识，是高中的一个重要内容，也是高中的一个难题。如果教师将函数作为一堂一般的概念课来向学生解释，那么学生是无法明白的，因为解释是要借助图形来辅助的。通过对函数图形的直观描述，可以帮助学生更好地理解函数的本质。所以，在数学的课堂上，要注重对函数图的画法训练，培养学生运用函数图的能力。

2. 将直观图形"最佳化"

在数学的研究中，用图解的方式表现出来的效果要好于用数字表示出来的结果。在求解数学问题时，我们倾向于把抽象的数字符号转化为易于理解的图表，从而更直观、更便利地获得解题思路。但是，要想找到一个合适的、能够解决这个问题的图表也不容易，因为它可能会导致错误的结果。在解题的过程中，学生要了解题的意思，并根据题的意思画出相应的图示，这样才能更好地解题。所以，根据题目的意思，绘制适当的图示，就成了解题的关键。

（1）一个合适的图像观察角度。在求解几何问题时，可以从多个角度来构建图形，但不同角度的图形会得到不同的直观分析。在数学教学中，如果按照题目意图绘制的图表不能准确地反映所要解决的问题，也会影响到数学教学的效果。

（2）构建正确的图形，每一道题都有自己对图形的要求，有些题需要我们按照题目的意思，画出相对准确的图形。例如，在题目中，给出了圆的半径、直线的长度、两条直线平行或直角三角形等条件，在这种题目中，就要求我们构造出相对准确的图形。有些问题，只需要按照问题的意思，画出一个大致的图就可以了。例如，在确定直线和圆的位置关系时，重点不是考虑其尺寸，此时只需绘制一个粗略的示意图就可以了。面对这种类型的数学问题，教师应该留给学生一定的时间，让他们展开小组讨论和交流，并对所画图形的可行性进行分析，在进行反思之后，最后画出与题目相适应的准确图形。在此过程中，培养了学生的直观分析能力，提高了他们的直观想象素养。

3. 将识图能力"全面化"

利用直观想象素养来解决数学问题，不仅要通过图像获取问题中的有效信息，更要提高自己对图像的认知，进而对整体图像有一个全面的认识，根据图像中的已知信息，对结果进行直观的推断，寻找到问题的答案。

构造适当的图解可以帮助我们更快速、更精确地找出解题思路。如果我们不能根据题目中的公式，直接得出答案，那就必须将这些抽象的公式，用图像来表达，才能得出答案。在这个过程中，最重要的就是要把图建立起来，使之能够准确、直观地找出解题的思路。

四、基于直观想象素养的高中数学教学策略

（一）基于高中生直观想象素养发展的教学原则

夸美纽斯是第一个对教育原理进行系统归纳和归纳的教育家。他主张以观察实物为出发点，多运用图画、例证，从而初步确立直觉教学原理。在数学中，针对直观想象素养发展的教学设计，具有明确的教学目标，将学生作为主体进行有效的教学。从调查可以看出，学生自身对直观想象素养的提升具有较高的积极性，已经有了有效学习的前提，并以教学理论为基础，但对于学生而言，要想了解如何提高直观想象素养是一件困难的事情。在教学过程中，教师要有一定的指导作用，并且要与学生的数学学习心理体系相结合，按照教学内容进行合理的教学设计。许多代数类问题，都需要在图形上进行扩展，在习题课或教学中，对思想方法进行提炼，从而做出具体的实施计划。

1. 创新性导向原则

在新课程中，为了提高学生的直观想象能力的素质，教师在进行教学设计时，应遵循以下原则。

第一，对课堂教学的主体性有深刻的理解。教师在展开教学设计的时候，

应该对学情进行充分的分析，同时也要注意到，由于学生具有不同的直观想象素养发展层次和水平，所以他们对教学内容与方法的理解存在差异。对于水平不高的学生，要多加指导与启发，对基础水平较好的学生则采用探索式、自主交流的教学方法。另外，由于不同层次的学生，其数学学习心理与直观想象的思维发展水平是有很大差异的，因此在设计教学活动时，也应进行差异化处理，使不同的人得到差异化的发展。

第二，要重新审视教育观念。最近几年，高中课程标准一直在修改，不断地提出对学生核心素养的发展要求，这本身就为当前的教学提供了一个目标导向。在教学设计中，除了要符合基本的准则之外，教师还应该根据时代的发展，对教学理念进行更新，将学生与社会的发展相适应的能力作为重点，在教学中，创设与大数据时代的特征相一致的情境，选取一种可以让学生进行自主探究的教学方式，将对学生掌握知识点的要求转变成对学生思维活动的指导，并与现代高中生的学习心理特点相结合，指导学生进行思维的再创造，进而从思维层次上提高学生的直观和想象水平。

第三，把教学活动和学生的思维层次相结合；在进行教学设计之前，应该以学生的思考水平为基础，让其有自己的思考模式，并将其运用到课堂中，这样才能构成一个良性的循环，将其贯彻到对学生思维质量的培养当中。与此同时，要重视在数学活动中，让学生们能够提升自己的直觉想象素养的思维水平，在设计的数学活动中，对相应的思维能力进行培训，进而对学生的直觉想象素养产生一种推动和引导的效果。

2. 落实于过程原则

第一，提炼教学内容，优化教学体系。在教学设计时，教师明确了对学生直观想象素养发展的引导，应基于此，结合教学内容，提炼知识点，厘清各知识要点之间的关系，让学生在已有的直观想象的认识上，完善教学结构，合理搭配概念或命题的形式与特征。

第二，巧妙地设置问题，反映学生的思考层次。由于学生的直觉想象素质发展的不同，因此在选取例子和习题时，要注重思考的分层，不仅要有基本的、典型的，也要有探究的、发掘的，要注重数学思维的训练，注重核心能力的培育，少做一些机械地重复，如此，才能够让学生在直觉想象的层面上有所提高，更好地增强学生的分析与解决问题的能力。

第三，强调观念和方法的培养。"思维"是一种支持，它是一把"梯子"，一个"阶梯"。在教学设计中，要提高学生的直观性和形象性，就必须让"思维"贯穿于整个设计过程。只有对思维方式有了深刻的认识，学生才能在思维方式上实现思维方式的迁移和创新。教师必须具备良好的解题思路，才能将数学观念融入讲授中，并将其运用到实际教学中。

（二）基于直观想象素养的教学策略

学生的直观想象素养的发展，与他们的直觉感知是密不可分的，学生必须先进行直观感知的历练，之后才能进行观察、分析、解决问题。因此，在教学过程中，运用真实情境来激发学生的直观感知是必不可少的。在情境启发下，以问题串的形式进行教学，不仅可以充分发挥学生的主观能动性，而且可以有效地提高学生的思维水平。可以说，以问题为导向的真实情境，为直觉想象素质的培养创造了机会。与现代信息技术发展相结合的教学方法，可以使复杂问题变得简单，让学生感受到图形的动静变化，利用学生的元认知，为直观想象素养发展思维提供一个螺旋上升的平台。对教学内容进行扩展，可以对学生思维的延展性和创造力进行培养，可以为学生的直观想象素养的发展提供方向，从而实现直观想象素养的高水平发展。

1. 现实情境的问题驱动，激发学生直观想象的愿望

近年来，在数学教学中引入情境已成为一个热门话题。良好的情境能使学生迅速地融入课堂中，调节自己的学习心态。但是，许多学生对直观想象的认识比较抽象。所以，在高中的教学过程中，要注重实际情境，让学生可以在直观感受的基础上，在很短的时间内，建立起图形与数之间的联系。无论是数学概念、定理、公理，还是与生活实践和数学模型相结合，都可以让学生通过直观感受，来提高直观想象的思维能力，这是高中数学课堂教学中不可缺少的一个环节。

以生活为例，导入情境。对于高中生而言，三维几何学无疑是一种全新的体验，也是一种锻炼直觉和想象能力的途径。立体几何本身并不难，但要让学生根据一张图联想出一个立体的模型，再与资料相结合，就很难了。因此，在第一章中，开场白是非常重要的。在导入环节中，若能与生活实例的情景相结合，让学生在理解立体几何的重要性的同时，认识到数与形的关系，从而增强对数学图形的直观认知也是非常重要的。举例来说，学习"三维几何"，我们

能从"北京水立方""长城""布达拉宫""泰姬陵""化学""物理""力学"等方面，来激发学生的学习兴趣，使学生认识到，立体几何是现实的，学生的生活是不可缺少的。接下来，可以对人们在修建房屋、建造建筑物、研究化学晶体的结构等方面，都在使用立体几何，使学生清楚学习立体几何的原因，并有对生活中的立体几何的兴趣，进而开始对数学问题中的图形进行探讨，引导学生从图形的形状、大小、位置关系等方面展开应用研究。此外，在所引入的教学环节中，还可渗透与数学史有关的内容，使学生认识到立体几何的储备知识量很大。在这方面，古代人类已经有了许多相关的知识，因此，作为21世纪的高中生，他们应该充分发挥自己的主观能动性，在学习立体几何方面下功夫，提高自己的直观想象素养。

这种引入方式能够让学生在教师讲解的过程中，通过大脑中已有的一些直观实物来想象出类似的图形信息，在引入的过程中，能够体会到图形的多样性。而且，这些例子来自生活，可以更好地打动学生的心灵，让他们怀着对周围事物的情感去进行学习，可以在教师在课堂上引入的过程中，利用各种类型的类比来归纳、总结出一些图形的特征，培养他们的直观、想象的思维能力，进而得到提升。

创造现实的生活情境，让学生感受到数学与生活的紧密联系，从而提升他们的直觉和想象力。在教学时，可以用一段连续的问题来激发学生对模型的提炼，找到数与形的特点与关系，并对不同模型的共性与差异进行归纳与类比，去感受数学中图形的产生与图形的变换，并探索图形中复杂数学的本质，从而提高自己的直观想象思维能力。例如，在研究一个长方体断面的问题时，教师只要充分了解学生的主观能动性的作用，就可以让他们发挥自己的想象力，在自己的脑海中构造出截面的形态，从而获得不同角度、不同层面的解答。在大部分学生的想象不够充分的情况下，教师应在课堂教学中持续设置一系列问题串，以帮助学生理解正方体的截面情况。通过对各种问题的分析，让学生体会到空间图形和数量之间的关系，体会到了三维图形的特点，并对其产生了一种直观的印象。但是，如果可以在提高直观想象能力的同时，将其扩展到对数学模型的制作与想象，甚至让学生可以通过想象来画出与之有关的图形，这对于培养和锻炼学生的直观想象素养，何尝不是一种很好的方法？所以，把问题串联起来，层层深入，既能培养学生的思维素质，又能拓展学生的思维宽度。

2. 教学方式的变革，给学生提供"直观想象"的机会

现在，我们的社会已经进入了一个"大数据"的时代，各种各样的数据和图的处理方法都在不断地完善，并且人工智能的应用也在不断地扩大。在数学教学过程中，教师若能恰当地利用资讯科技，并将资讯科技的功能发挥到最大，将会对学生的直觉与想象能力产生深刻的影响。

与传统的、静止的直观显示相比，现代化的教学方法会随着时间的推移而进行创新，所显示的直观图像可以是静止的，也可以是动态的，可以是平面的，也可以是立体的。因此，教师要首先了解相关软件的使用，例如PPT、几何画板、超级画板等，通过相应的软件，将数学图形的动静变化呈现在学生面前，使他们在这种变化中，体会到数学的美，并寻找到问题的实质和解决问题的思维模式。更常用的直观转化方法就是平移、翻转、用数字来表示变化。通过多媒体演示，学生能更好地了解图形的本质与特点。比如，在平面几何学的教学中，用几何学的绘图板来生动地展示直线移动的过程，这对于帮助学生更好地了解直线和圆之间的位置关系是很有帮助的。

在一个频率分配的柱状结构中，利用Excel表格功能，将数据制作成图表，根据100位居民的用水量分组数据，画出频率分布直方图，让学生更直观地感受。同时，将数字变为图形，可以从图形中直接获得自己所要的数据，从而让学生在潜移默化中体会到数形结合的重要。而不只是一个简单的直观表达。在此过程中，教师还可以通过不停地改变数量关系，让学生观察图形的形状或位置的变化。在高中一年级的数学教学中，利用多媒体技术，对一些难点问题进行了说明。例如，对于对数函数"$a>1$"和"$0<a<1$"这两个条件，学生们可以通过对指数函数的量化分析，从而掌握对数函数的某些特性。然而，对于高一的学生而言，对数函数本身较为抽象，按照他们的认识水平，理解难度较大。在教学过程中，教师可以利用几何画板，通过不断改变a的大小，向学生展现图形的变化，并引导学生感受a的变化对图形产生的影响。除此之外，这个连续的过程还可以让学生的直觉想象的思维呈螺旋式上升的趋势，从而在他们的大脑中更容易构建出图形变化的动态特征，这对于以后学习立体几何所要求的空间想象能力的培养有着非常重要的影响。

3. 教学内容的拓展，引导学生掌握直观想象方法

第一，教学内涵得到拓展，并借由回答所产生的问题，实现思维的二次创造。教学内容是教师进行教学的任务与参考，教师要利用课程中的数学概念，来引导学生形成对知识的认识。在现实的课堂教学中，由于学生对数学问题的思维方式和所涉及的知识内容认知存在着较大的差异，从而导致许多生成性问题的产生。所以，在教学中，教师应针对所学内容，对问题进行不同程度的扩展，同时也为学生提供一个思维的延伸方向。尤其对高中生来说，许多与代数有关的问题，都能用扩展的方法，从多个角度去求解。学生可以通过观察、猜想、验证、分析、提出问题和解决问题，在发现的过程中，形成与之有关的数学模型，并构造出相应的图像特征，来训练直观想象能力。

第二，是对文章的解读。例如，影子问题，就是一个具有明显的直观表象的数学问题，在高中时，就可以利用直角三角的某些性质，并与图形和数量关系进行联系，以形成思维链。在高中时，若我们再次提出该问题，理解其本质，则教师可引导学生运用整体思维来观测空间几何体，通过类比法提取相应的数学模型，拓展运动轨迹，使学生联想到完整的运动过程，并从中提取由运动路径组成的空间几何图形。

第三，拓宽了解题思路。在高中，有许多问题，光靠代数是很难解决的，但是有了图形，就可以快速地解决了。所以，教师在讲授时应扩大问题范围，在解题过程中也要渗透数形结合的思想。高中数学各类题型都比较标准，学生做题的角度也表现出了多样性，并且用不同方法解答的难度和复杂度也存在差异。尤其是在代数类问题上，如果就题讲题，对提高学生的直观想象能力的效果十分有限。所以，教师要从多个方面来解答问题，可以从数与数的关系来讲，也可以从数与形的关系来讲，还可以从正、反、逆三个方面对变式进行拓展。在教学中，要不断地指导学生从不同的思维方式中提炼出数学观念，这样就能在知识的拓展中，潜移默化地提升学生的直观想象力。同时，在扩展的过程中，能够将一些看起来较为复杂的数学关系，用图形来直观地表示，让学生从直观地感受到并迅速地理解，通过解决问题，提升自己的直观想象素养，更愿意去体验数学的美，并为今后的数学学习起到示范作用。其实，函数、平面向量、排列组合中的概率、不等式等内容，都能在不同的层面上得到扩展。在教学过程中，提高学生的思维方式，对学生的思维进行再创造，对提高直观想象素养具有不可否认的重要作用。

4. 提高识图能力，善用运动变换探索解题思路

运用几何直观与想象来解决一个数学问题，除了要学会使用几何图形来将一个抽象的题目变得更加直观之外，还需要培养学生对图形的直观洞察力，以图形中的已知信息为基础，朝着结论展开直观化推理，并探索出解题的思路。要想提升学生的识图能力，就必须先培养他们正确观察图形的习惯，善于捕捉到图形中的重要信息，并以此为基础，让学生能够创造性地利用图形的移动和变换，来对图形进行改进或者改造。通过对图解的观察与变换，使一些难解的题目变为一些容易解决的题目。对图的观察与分析包含了对图的总体把握与对图的局部分析两部分，而对每个局部的分析又必须以对图的总体把握为基础。杜福尔曾经说过："学生在看一个图形的时候，会对它进行操作，然后再对它进行改变。"

5. 实现多元评价，重视数学问题语言直观描述

数学知识的表述既要用数学符号、图形等直观的方式，又要用文字来表达。几何直觉和想象的运用和沟通，要求文字语言、符号语言和图形语言三者有机地结合起来。所以，要提高学生的几何直观与想象力，既要注意在数学符号语言与直观图形语言之间的灵活转换，也要培养学生使用文字语言来细化数学的解题过程的良好习惯。

（1）培养学生在解决问题时，用书面和口头的方式进行沟通的习惯

生动、形象的语言可以直接地进行沟通，这对激发学生大脑中的表象有很大的好处，可以帮助学生理清问题的解决思路，从而提升学生对问题中有关数学知识的理解和应用。在利用几何直观与想象来解决数学问题的过程中，让学生用文字语言来自由地表达自己对问题解决方法的看法，或者在问题解决之后，让学生运用文字符号语言来直观地描述问题的解决过程，并提出诸如"问题的相应图形是怎样画出的？画图的时候要注意什么细节？根据图表的直觉得到什么条件？哪个是从逻辑上得出的结论？问题的关键是要用到什么样的图形调整和变化组合？如何解决这些问题？"让学生使用文字语言来表达自己对问题解决的想法，这样不仅可以营造出全班同学一起分享探讨的良好氛围，也有利于教师展开过程性考查，这是纠正学生相关数学知识错误表征的好机会。

（2）培养正确、精练的书面语言表达方式

当学生用文字语言来直观地描述数学问题的时候，教师应该有意识地引导

学生，让他们能够用正确的语言来进行描述，并在准确描述的基础上，提高学生运用文字语言来表达数学问题的能力，使学生的语言尽可能的直观、简洁。在学生的数学学习中，学习和使用数学语言是一个非常重要的环节，它能够培养学生学会进行数学交流，从而形成"读数学、说数学、写数学"的能力，对数学素养的形成起到了至关重要的作用。"说数学"是一种用语言来表达和表达数学问题的方法。注重对数学问题的语言的直观描述，既有利于对问题的整体把握，又可以提高符号语言、图形语言和文字语言之间的灵活转换，还可以对学生的想象力、逻辑思维能力等进行有效的培养。

第六节 基于数据分析素养的高中数学 教学模式

一、数据分析素养相关概述

（一）数据分析能力概念界定

1. 数据分析能力的含义

范明明、阚王琛、庞新枝等人对数据分析能力给出了概念，而本书认为，《普通高中数学课程标准（2017年版2020年修订）》对数据分析的定义是最具科学性和权威性的。因此，本书对资料分析的概念参考了课程标准中资料分析的定义。《普通高中数学课程标准（2017年版2020年修订）》中对数据分析有这样一种定义："数据分析是指根据所要研究的对象获得数据，并利用统计学的方法，将数据进行整理、分析、推理，从而得出对所要研究内容的基本素质。"

2. 数据分析能力的内涵

在对国内外有关资料进行整理的基础上，从新课标对资料的定义出发，阐述资料的含义。数据的解析，需要的是大量的数据，并将数据记录下来。统计的核心在于对数据进行分析，因此，在面临特定问题（不仅是数学问题）的时候，需要运用统计的思维方式来进行思考。首先，要研究怎样利用数据"说话"；第二，要研究通过什么样的统计手段获得数据，然后通过数据处理和分析，从而发现被试的性质和特征，最后把它们变成科学的决策依据。

资料处理的程序为搜集资料、整理资料、提取资料、建立模型、推理、得出结果。邱悦觉得，要具备数据分析的素质，最关键的一点，就是要理解数据的来源和体系，并能从这些体系中挑选出有价值的数据，选择最方便获得数据的体系，要具备一定的存储和获得数据的能力，同时，还要学习使用一些数据处理的电子软件。罗玉华在归纳了各学者对数据分析素养的不同认识后，提出了数据分析素养的三个要点：从数据中获取信息、从数据中感受到随机性、用数据来解决问题。所以，数据分析就是一种从被研究的对象中得到数据，并从中提取出有用的信息，进而将其转化为知识的一种思考过程。它的主要内容有收集数据，提取信息，用图表来展示数据，建立模型来分析数据，以及对数据进行解释。

（1）数据整理

数据整理是将所搜集的数据，以合适的方式进行整理，在高中，与数据整理相关的方式有频率直方图、茎叶图、频率分布折线图等，另外，还涉及选取样本的方法，有系统抽样，分层抽样，简单随机抽样等。在运用频率直方图时，要求学生理解频率直方图中的中位数、平均数、百分位数、概率等知识，并运用图表来进行数据的梳理，使得数据更为清晰。数据整理是后一步工作的基础，因此，选取恰当的取样方法和统计模式，将直接影响到后一步工作的解释性和推论。例如，对某一批次产品的质量进行检验，可以采用系统性的抽样方法。当样本的样本很多时，通常会使用系统样本，只有样本的样本很少时，才会使用简单的随机样本。由于这些产品的数量很多，单纯的随机采样会浪费大量的时间，因此，还是选择系统采样比较合适。

（2）数据计算

数据的处理是数据分析的前提。首先，就是要让学生熟练地运用运算原理，在高中时，学生要学会各种数字运算的方式，例如排列组合、中位数、众数、平均数等。学生必须将所学的知识熟记于心，才能将其运用于实践中。对数据的运算是数据处理的基础，在教学过程中，发现很多学生对一些基础的公式没有很深的印象，导致他们在解决问题时毫无头绪，这给后续的一系列数据的分析和学习带来了很大的负面效果。同时，要注意到，部分学生只是知道一些计算公式，但实际操作中往往会发生一些计算上的失误。通过分析发现，导致这种情况的一个重要因素是学生对所学内容的理解不足。所以，在进行数据处理时，要让学生亲自体验数据处理的整个过程，切忌"走捷径"。要是平时不计算，只是在考核中计算，肯定会出问题的。所以，要引导学生有足够的耐心，把每个题目都做好，去体会这些题目的计算过程，并总结出一些可能会发生的错误，让学生在最基础的部分不出错，以免影响后续的数据分析。

（3）数据描述

数据描述是指对整理好的数据，利用平均数、众数、中位数、标准差等统计量来描述，并对数据的性质展开分析。平均法是一种常用的统计方法，可以用来刻画数据的集中性和离散性。但平均值对极限很敏感，所以，在竞赛过程中，裁判们打出的分数，往往都是从最高点和最低点中剔除一个，再求出一个平均数。在一个集合中，众数是最普遍存在于集合中的数目，是一个集合中的综合指标。在营销、民意测验等领域，都是常用的方法。就像一个超市，要推广一款洗衣机，却不确定这款洗衣机的销售情况，所以超市就会用"多人投票"的方式，来决定这款洗衣机的销售情况。中位数是一套数值，从大到小，从小到大，再从大到更大，中间的数值为中等。举例来说，在某一地区，某一地区的薪资，中位数即为平均值。所以，在教学中，要联系生活，让学生明白统计的意义，从而能够理解数据，并对其进行恰当的描述和解释。

（4）数据解释

应用数据分析中所学习到的数据处理方法，对实际工作中出现的数据处理问题进行解释。比如，在竞赛评分中，为什么要除去最高分和最低分，然后取平均值？为什么说中彩票的概率与我们走在大街上被花盆砸到的概率相等？对于一个问题，我们可以设计出两种不同的模型，请学生选择适合这个问题的模型，并提供一个合理的理由，这就是数据说明的内容。在教学中也注意到，部分同学的答题能力较强，但讲解能力较差，表述能力较差。对作者提出，学生表述不清晰，表明其对问题的认识不足。所以，在教育中，要重视学生对数据的分析，同时也要重视其对生活中问题的分析。

（5）数据推理

数据推理指的是通过对数据的处理来解决一些数学问题。比如，抽烟会不会影响到患者得肺癌的概率，这就需要利用独立性检验的知识，并通过构建回归直线模型来对未来的发展趋势进行预测等，这都是数据推断。这表明，对于一些问题，数据推理是很有必要的。在课堂上，要从现实生活中提问，指导学生建立数学模型，解决数学问题。

从以上几个方面来看，数据处理中的每个方面都是必不可少的，而且每个方面都有其自身的重要性。同时，教师在授课时，不能仅限于考试，要创设与生活相关的问题，让学生对生活中的数据分析有更深刻的理解，也唯有如此，他们才能很自然地利用数据分析知识来解决问题，进而培养出自己的数据分析能力。另外，要让学生参与到实际操作中，让他们亲身体会到数据分析的整个过程，明白每个技能中所蕴含的知识。唯有自己亲自去体会，方能明了，否则一切都是枉然。

3. 数据分析能力的外延

由数据分析概念可知，数据分析的研究包括四项工作：搜集数据、整理数据、分析数据及推论。数据的高效收集是数据处理工作的开始，如果遇到困难，可以通过统计的方式来处理。对数据进行整理是对数据进行分析的前提，对数据进行整理就要求学生将收集到的数据用图形表示出来，这样我们可以更直观地观察到数据，也便于我们在后面进行分析。通过对数据的收集与梳理，可以清晰地看到数据的一般规律，并对数据进行说明。我们最终的目标是数据推测，通过对数据进行收集、整理和分析，来探索被调查对象的规则和特征，从而帮助我们作出决定。

4. 数据分析特征

数据分析是随机的，它的随机特性一方面是数据的随机特性，也就是同一事物所得到的数据并不完全一致，另一方面是数据所得到的法则也是随机的。所以，在讲授过程中，要使学生认识到随机性的本质。当一个问题涉及大量的数据时，我们不可能一个一个地去检查，所以我们必须选择一个样品。每个人的看法都不一样，例如，要求学生对过去一个月的气温进行测量，有的学生会找到中午气温，有的学生会找到早上气温，有的学生会找到夜晚气温，这些都是不同的。但也有可能出现随机因素，例如设备自身因素，又或者是人为因素。比如，天气预报说现在有八成概率会下雨，但是，明明是阳光明媚的日子，那么，会不会是因为天气预报出错了呢？虽然下雨的概率很大，但也不是一定会下雨，所以才叫"随机性因素"。在教学中，要设计让学生感受到随机性的例子，例如让学生去抛硬币，让他们体验到正反两面的概率。很多教师只是说出了概率，再让他们自己动手去检验，可是最终却发现根本不可能，这自然会让学生心生疑虑。所以，教师在上课之前，要先对实验进行统计，把实验的次数设定为大致的频率，再让学生们进行实验。借由此方式，不仅可使学生感受到其随意性，而且可使学生更深刻地理解频率与概率的关系。由上述的研究可知，数据分析的能力就是在面对现实问题时，能够对数据进行收集和整理，并对数据的随机性有一定的认知。在新的时代，同样对我们提出了要求，要求我们拥有数据分析的技能，可以将计算机技术合理地运用起来，从而更好地对数据进行分析。

（二）数据分析理论基础

在数据分析基础上，提出了一种新的教学策略。学习理论是指如何使学生更好地学习，教学理论是指如何教学生更好地学习。教学理论也要以学习理论为依据。在现代教育中，尤其是在教学实践中，学习理论和教学理论是非常重要的理论依据。身为一名一线教师，一定要对这些理论进行认真的研究，并将其应用到自己的实际工作中去，同时还要根据学生的特点和他们的行为习惯，根据他们的学情来制订教学计划，只有这样，才可以持续提升自己的教学效果和教学质量。柯勒的"顿悟学习"理论，加涅的"信息处理"理论，弗赖登塔尔的"数学教育观"和"建构主义"等数学教育观，可作为高中数学统计学的一种教学方法。

1. 柯勒的顿悟学习理论

柯勒的顿悟学习理论表明，学习是一个顿悟的过程。顿悟的表面意思是突然领悟，而在学习论中，它指的是学生突然意识到解决问题的方法。这种突然不是凭空产生的，而是需要通过对积累的知识重新组织或重新构建来实现。顿悟需要学生具备一定的理论知识基础，包括概念、方法和原理等，及与之类似的活动经验。在完成了对知识的内化之后，学生可以构建出属于自己的知识系统，通过相似的经历来对新的知识进行认知和理解。学生在灵光乍现中获得的东西，只要一学会，就难以忘记，形成长久存在于大脑中的回忆。所以，灵光乍现不失为一种学习方式，而顿悟说又反映出了一步一步的学习规律。所有的东西，都是一个从部分到整个一步一步地进行建构的过程，唯有慢慢地对知识和经验进行累积，并将其完全掌握，这样，才可以在自己的经历和理解的基础上，对新的知识进行处理，并在此基础上得到更加深入的认识。

2. 加涅的信息加工理论

加涅提出的信息加工理论认为，学习是一个将外界刺激通过感受器编码后存储到大脑中的过程。当需要使用这些信息时，大脑会根据编码方式进行搜索和调用。他通过将外界刺激比作输入、感受器比作处理器、内部神经信息则相当于输出，来形象描述信息加工理论。按照该理论，学生在学习过程中需要先接受刺激来触发动机，然后领会知识，通过练习获得更多的知识，并将其记忆存储起来。当需要使用这些知识时，学生就可以回忆并提取出来，进而做出更高层次的概括和迁移。在整个学习过程中，给予及时的反馈和强化也非常关键，因为这样可以帮助学生巩固所学内容并加深印象。例如在教授直方图的过程中，教师可以先给学生一些实际案例来激发他们的学习动机。然后，通过引导和指导，让学生掌握整理数据的方法以及绘制直方图等技能。在学生通过自己的处理表征数据并分析数据的过程中，教师还可以适时强化学生的掌握程度，并通过练习和实践来加深对数据分析方法的理解。这样，学生就可以更好地掌握所学内容并做到知行合一。

3. 弗赖登塔尔的数学教学理论

弗赖登塔尔的数学教育思想可分为数学的现实，现实世界的数学化，活动过程中数学的再创造三个方面。数学是从真实的生活中抽取和整理出来的，有着真实的背景。弗赖登塔尔认为，数学源于现实、生存于现实、应用于现实。它的概念和原理源于人类现实的需要，是人类从现实世界中提炼出来的一种抽象。因此，在教学中，教师应将最基本、最核心的数学知识与技能融入其中；在实践中，老师应该根据学生的认知规律，根据他们的生活经验和问题的真实背景，对教材进行灵活的处理，选取符合实际的教学素材，进行最优组合。对真实世界的数学化，指的是人们在认识和改造世界的同时，运用数学的思想和方法，来对真实世界中的种种现象展开分析和研究。在此基础上，提出了"以人为本"的思想，即"以人的思维方式"和"以物代人的思维方式"。在数学教学中，要使学生感受到，数学来自实际的生活，只有在达到了一个抽象的理论水平之后，才能再度回归到实际的生活中。因为统计与现实生活密切相关，所以弗赖登塔尔的数学理论对高中数学教学具有十分重要的指导意义，能让学生在"学中做"，在"做中学"。

4. 建构主义的数学教育理论

按照建构主义的数学教学理念，学生在进行数学学习的时候，不应该仅仅是被动地听教师的解释，而应该主动地去解释，形成自己的认识，然后在这个基础上建立自己的认识体系，绘制自己的思维导图。在统计教学中，当教授一些实用性很强的题时，教师不能将所有的东西都说完，要给予学生充分的时间，让他们自己去想，自己动手，在动手的过程中自己去建构。并根据这些特点，总结出"自主学习""合作学习""探究学习"和"情境学习"四种教学方式。"自主学习"指的是在课堂教学中，学生可以进行独立的计划与组织，可以进行自我评价、自我纠正与自我调整。所谓的"合作学习"，就是学生之间，以小组的方式，进行合作，并对彼此进行评价，从而提高学生的整体学习成绩，同时，也能够培养学生的团队精神，增强学生在社会上的生存能力。"探究学习"是在实践活动中，转变学生被动学习的方式，让他们自己去经历，并在活动中不断地发现问题，获得与所探究问题有关的知识。运用身边的真实案例、真实任务的解答方式，使学生形成积极探索的行为，并在解答问题的过程中，提高自己的解决问题的技巧。教师与学生，学生与学生，在一起对某些问题进行探究，并在探究中相互交流、质疑，使学生获得新的知识。采取自主、合作、探究的学习方法，让学生充分动手、动脑、动口，在亲自操作、感知和思考的过程中，喜欢学习，学会学习。它可以应用于统计课程的大部分内容。在把教学理论和学习理论应用到教学实践中时，要取长补短，对其进行批判性的学习和继承，并联系具体的教学内容和学生的具体情况，对其进行合理地应用。

二、基于数据分析素养的高中数学教学策略

（一）数据分析观念的培养

数据分析思想具体表现为：认识到在现实生活中存在着很多问题，应该首先进行调查研究，对数据进行收集，并通过分析做出判断，体会到数据中所包含的信息。认识到同一数据可以有不同的处理方式，应针对具体情况选用不同的处理方式；由于数据分析的随机性，一方面，相同的事物，每一次分析得到的数据都会不一样，另一方面，如果有足够多的数据，就有可能找到规律。

1. 培养学生的数据意识

为了更好地理解现实世界中的很多问题，我们都必须利用数据对其进行描述。在高中生的专业课程中，有许多问题都需要用到数据，例如，物流专业的物流信息，信息专业的语言程序设计等，这些都需要大量的数据。要想做到这一点，应该首先进行一项与问题相联系的调查，对数据进行收集，之后再对其

进行分析，从而得出自己的判断，并从中感受到数据中所蕴含的信息。数据是信息的载体，这就是说，要使学生能够从资料中找出自己想要的资讯。就要对原始数据展开客观的分析，然后进行推理和总结。数据分析可以让人们更好地理解数据，更好地进行决策。

2. 培养学生能够选择适当的收集和分析数据的方法

为了理解相同的数据可能有不同的处理方式，应针对所要处理的问题，选择适当的处理方式。从统计学的角度来看，没有什么是正确的，也没有什么是错误的，只有"好"和"不好"。例如，通常可以用不同的统计图来代表同一组数据。但是，当你想要传达某种信息或解决某种问题的时候，你会觉得使用特定的图形更适合你，也就是说，它更"好"。再比如，要对比不同量间的关系，用条形图就更好；当数据随时间发生改变时，为了更直观地了解其变化趋势，可以采用折线统计图表；为了更好地反映出某些数据在总体上的比重，则适合用扇形图。因此，相同的数据，因着所要探讨的议题和达成的目的而有所差异。

3. 培养学生能够通过数据分析体验随机性

数据的随机性表现为两个方面：一是同一事物在同一时间内所获得的数据可能不一致；反之，当资料充足时，也会有规律可循。例如，对使用手机中软件使用频率的研究，首先可以统计数据，如统计一天、一周或更长时间，就会发现每天打开软件的次数是不一样的，无法预测。但是，在进行了多次重复的试验之后，从数据中会发现，尽管每天的次数统计存在着差异，但是其中存在着一定的规律，我们可以从这些规律中推断出每天使用社交软件、音乐软件、视频软件等所占的比例，从而得出个人的软件偏好。所测得的数据虽有随机性，但经多次重复性实验后，其结果却是相当稳定的，因此很容易得到结论。

从以上三个方面来提高学生的数据分析能力，对于学生的未来发展有着重要的意义。第一，能提高学生对数据的认识。高中生在专业学习过程中遇到的问题，可以通过调查研究，收集数据，分析数据，获取信息，做出决策，让学生对数据的重要性有更深的了解，进而培养出利用数据统计分析，对相关问题进行思考和解决的能力。第二，能提高学生的创造能力。高中生对所学知识的理解，如果将来他们在自己的专业领域中，想要出类拔萃，就需要对一个问题进行大量的重复实验，对数据进行分析，进而得到有用的数据，这样才可以推导出以前从未出现过的结论。

（二）数据分析方法的培养

学生对数据分析方法的认知十分单一，在处理数据时不能选择适当的方法，推理就没有依据，这就不是一个高效、完整的数据分析过程。如果学生只知道以一种方式对数据进行分析，那么他们就只能以一种方式思考问题。数据处理的方法包括数据搜集法、数据整理法、数据分析法等。

1. 收集数据的方法

一般采用的方法有测量、调查和实验等直接获取的方法和通过文献检索等间接获取的方法。在传统的统计教学中，学生在学习过程中，所学习到的资料通常来自教师提供的数字、图表和表格。这样的数据收集过程，根本上忽略了学生的主体性。现在，互联网的发展给我们收集数据带来了可能性，也给我们带来了方便。学生可以根据研究问题的情境，从网上下载自己需要的数据，还可以通过观看相关数学实验的视频资料来获取数据。

2. 整理数据的方法

整理数据的方法主要有分类、排序、分组、计数（包括用画"正"字等多种方式记录）、编码等。对数据进行描述的主要方法有文字、图画、统计图、统计表以及刻画数据特性的统计量等。例如，用绘制条形统计图、直方图、扇形图、折线图来进行数据分析，用计算平均数、中位数、众数、方差、期望、加权平均数等统计量来描述、分析数据。

3. 分析数据的方法

对数据进行分析，主要是指以数据为基础，对数据进行判断、推断、预测、决策等，并可以在此基础上，对现实生活中的问题进行解决。传统的数据分析方法主要包括：聚类分析，它是一种对对象进行划分的统计方法，将具有某些类似特性的对象或事物归入一类进行统计；因子分析，就是用很少的几个因素，来刻画很多指标或因子间的关系；相关性分析，是指确定事物间相互联系的规律，并以对其作出预测、控制的一种手段。教师应引导学生交流不同的数据分析方法，在何种条件下，采用何种数据分析方法，则应由学生自己来选择。"合适"指的是能够最好地体现客观事实的方法，而不是唯一的方法。

（三）培养数据分析素养的过程性和随机性

1. 培养学生注重数据分析素养的过程性

数据分析能力的培养是一项长期的工作。学生在现实情境中，经历收集数据、整理数据、提取信息、构建模型、做出推断、得出结论的全过程。在此基础上，教师要注重对学生进行数据分析的能力的培养。

（1）设计有效的数据分析活动，让同学们体会数据的用处，并对数据形成认识

在进行数据意识的培养时，要根据不同年级的学生的认知特点和心理特点，设计一些切合实际的、具有挑战性的、与课程内容密切相关的、富有挑战性的数据分析活动，使学生对数据的知识有更多的了解，从而激发他们的学习兴趣，使他们了解到数据是"活"的，它包含了大量的信息量，并使他们了解到，数据是无所不在的，它与我们的生活、学习、工作密切相关。当学生在面对问题的时候，可以考虑去尝试着收集数据，对数据进行整理，对数据进行分析，从而看是否可以解决这个问题，这样就可以逐渐培养出数据意识。

（2）体验分析资料的过程，感受资料的魅力，并培育创意思维

只有在实践中积累，才能从量变向质变中产生新的火花。在教学中，必须亲自体验资料的全部处理过程，这样才能更好地培养学生的理性逻辑思维。在相同的问题上，要经过多次的反复实验，才能从不同的数据中找出规律，然后针对问题做出合理的推理，最后经过对数据的验证，得出一个合理的结论。只有在反复的实验中，才会有新的发现和新的创造。

（3）通过对数据分析的实际操作，收集实例，并形成相应的解题方法

要培养学生的数据分析能力，就必须与学生的实际情况相结合，并结合其所学知识，在现实生活中解决各类问题。随着信息技术的发展，信息技术的应用越来越广泛。在持续学习数据分析方法的基础上，试图解决某些问题，让学生感受到数据分析的广泛性，体验到数据分析的全过程，并最终形成解决问题的策略。在数据分析的过程中，让学生感受到如何从认识数据，学习如何处理数据，如何透过数据看到规律，如何运用数据来做出决策。

教学是一个循序渐进的过程，在教学中，教师要引导学生积极地参与教学，不要把某一环节省略掉，也不要让学生忽视或小看它。唯有透过每一个资料分析过程，学生才能真正体会统计的精髓。

2. 培养学生体验数据分析的随机性

假设每次抽样获得的数据都源于同一个总体，在每一次抽样之前，不可能知道会得到什么，但是当抽样次数多了的时候，就能估计出现某种情况的可能性有多大。知道了每个事件发生的概率，就等于知道了整个事件的真相。即在不明确整体状况的情况下，可以从样本中获取一定的资料，并从这些数据所包含的信息中，获得整体的真实状况。资料的随机特性是资料分析的基础。学生要从隐藏在大量看起来杂乱无章的数据信息中，抽取出有价值的信息，从而找到研究对象内在的规律，做出判断，得出合理的结论，做出正确的决策。

统计数据也是随机的。相同的事物，每一次所得到的数据都不一样，而相同的事物，不同的人，在相同的情况下，所得到的资料也会不尽相同。在学习抽样调查的时候，就算是一个人抽了几次，也不可能得出一模一样的结论。所以，不同的样本所获得的数据具有一定的随机性，由此得出的结论也不一定是一致的。

在数据分析中，存在着大量的随机现象，只有在一定数量的数据中才能找到规律。尽管人们最终得出的结论并不完全一致，但是很多问题在样本规模足够大的情况下，结论往往是一致的。这就是说，虽然结果不一定都一样，但是统计学上的推论是有意义的。这就是统计学所要解决的问题，它侧重于对随机中的规律性的研究，通过对表面现象的统计分析，来揭示事物内部的规律。在现实生活中，学生搜集到的数据很有可能是混乱的，没有规律的，因此要让学生进行探索性的分析。换言之，就是要探寻并发现数据中所蕴含的规律，并在探索性分析的基础上，提出一种或多种可能的模型，在深入分析的基础上，选择一些模型进行分析、绘制。

（四）增强数据分析意识

数据意识是影响高中生数据处理能力的主要因素之一。对数据的认识，涉及数据来源、了解数据的随机性和认识数据的价值等方面。对数据的认知，包括留意数据的源头，理解数据的随机特性，以及对数据的价值的认知。在学习过程中，要学会用科学的态度看待数据，不要盲目地信任数据，要勇于提问；在教育过程中，要让学生意识到：从抽样中获得的样品是随机的，是随机的；使学生感到数据是活着的。唯有这样，教师在日常工作和生活中，就不会被那些错误的数据所欺骗，也不会被别人的观点所挟持。数据分析意识，就是你看到一组数据，就会自动地想要对这组数据进行分析和处理，并从中找出一些规律和隐藏在数字后面的信息。例如，某座城市的统计部门发布该城每月平均工资。数据显示，这个城市的平均月收入是6000元。能够进行数据处理的人，需要考虑数据的来源、抽样方法、抽样的群体等问题；而不懂得统计学的人，则完全看不到任何东西，更加不会深入研究。

因此，要加强对学生数据概念的理解，就要对其进行恰当的引导。教师可以向学生推荐一些专门的统计学网站；在课上，可以通过案例分析的方式，引导学生去看统计局发布的一些简要的调查报告；也可以通过设计适当的教学环节，给学生解释几个使用次数很高的统计术语。另外，要让学生多接触网络，多看一些调查报告，多看一些政府公布的信息，无形中就能提高学生的数字观念了。要提高学生的数据分析能力，就要在教师的引导下，利用统计学的手段，收集、处理、表征、分析数据，让学生明白一组数据是如何抽取的。在教师的引导下，在实践中，让学生认识到，这些数据是有生命的，它们会"开口"，科学利用这些数据，就可以使它们"说出"自己的资讯。比如，在讲授统计图表时，应加强对图表中数据的提取和分析。通过对数据进行分析，学生可以从内心深处体会到统计与现实生活的关系，从而爱上统计，将所学运用到实践中去，逐渐形成一种统计的思考方式，培养出一种对数据进行分析的能力。

（五）选取现实数学问题

在高中数学统计部分，应当以培养学生的数据分析素质为出发点，在按照高中数学教学纲要所要求的必修内容的基础上，可以适当地添加一些应用的内容，从而丰富学生的统计知识和数据分析方法。根据学校的要求，可以开设一些实践活动。根据高中生未来的工作需求，以Excel为媒介，添加一些常用的统计图形，例如，条形图、折线图、饼图、雷达图等，并对它们的功能、使用方法等进行了介绍。

按照弗赖登塔尔的数学教育观，统计课程的内容应当来源于现实，应当与所学的知识相结合，应当选择能够最好地反映现实生活与生产需求的统计基本知识与技能。从这一点出发，对案例素材的选取，既要满足培养学生数据分析素养的要求，又要符合社会发展的需要，反映统计与生活、统计与专业学科的联系。在进行课堂教学时，可以选取一些学生身边的真实事例，和选取与其所学专业相关的统计事例，从而能够有效地调动学生的学习兴趣，吸引他们的注意力。比如，在"样品的数字特征"课上，我们可以根据某一班同学的数学分数、每月的生活开销、各俱乐部会员的俱乐部数目，找出其中的平均数、众数、中值、四分位、方差等，并将其作为"统计图表"的教材。在教科书中，有些典型的事例与同学们所熟悉的事例存在着较大的差异。在进行教育的时候，教师要根据学生的专业及他们的实际情况来进行教育，要敢于放弃那些与实际生活关系不大的案例，善于发现并收集身边的真实案例，并把它们运用到教育中去。

（六）基于数据分析原理

在高中阶段，了解统计的基础知识，掌握统计的基础知识，是提高学生数据处理能力的关键。人口与样本、抽样方法、平均数、标准差等基本概念，最小二乘法、独立性检验等基本原理，它们都是统计初步重要的理论框架，也是进行数据分析的理论依据。所谓"无知无能"，就是没有学识的人，没有相应的本事，一个人在学习过程中，必须掌握一些基本的知识，才能掌握一些基本的知识，才能运用这些知识去解决实际问题。因此，要使学生在数据处理方面有较大的优势，就必须使他们拥有熟练的数据统计技能。知识的积累是培养数学素质的根本，同样，在这一点上，统计的理念和原则也是产生数据分析素质的重要依据，如果脱离了对统计理论知识的教育，那么要想提高学生的数据分析素质，就只是一种纸上谈兵。所以，在教学中，除了强调实践教学外，还应强调理论和创造的作用。比如，在进行层次样本的学习时，不应该仅仅是简单地教会学生如何进行计算，还要对其进行详细的说明。

（七）实施数据分析过程

数据的收集、整理和表征，数据的分析和统计推理，这两个方面都是高中生数据分析能力的主要方面，涵盖了整个数据分析的整个流程，所涵盖的内容十分广泛。如何让学生更好地参与到数据分析的全过程中来，这是促进高中生数据分析技能提升的关键。数据分析的全流程包括：设计调查题目，选择调查对象，搜集数据，整理数据，抽取数据，处理数据，用图形表示数据，建立模型，分析数据，解读数据，获取知识。这个过程可以被总结成三个阶段，第一阶段是对数据进行采集，第二阶段是利用有关的统计方法，对所采集到的数据展开处理和分析，第三阶段是建立统计模型，或者利用统计原理，对所采集到的数据进行统计解释。

这三个步骤构成了一个完整的体系，少了哪一步都是不完整的。首先是收集数据，让同学们亲自感受数据的产生过程；第二步是数据的整理，需要同学们依据题目的特征，选择合适的统计指数来表述数据，并做好数据的分析与整理工作；第三步则是将收集到的数据，做一个统计和解释。在教学中，教师应向同学们提供完整的、典型的学习素材，让同学们动眼、动脑、动动手、动嘴巴，充分调动同学们的创造性和积极性。在进行教育的时候，教师应该主动进行实践教育，向学生提出任务，给予他们足够的信心，让他们自己去探索生活中的各种统计问题。数据的采集是在课外进行的，教师很难监控到，所以要让学生组成一个小组，由组长带领并管理队员，组员们互相监督。借由分组讨论，让学生加入调查问卷中，收集数据，并亲自感受数据的产生；根据课堂教学中所学习到的统计方法，进行分组讨论；再借由在课堂上学习到的统计原理，来分析数据。

唯有通过亲自体验整个数据分析的整个过程，用自己的思想来思考和探究，才能逐渐学会数据分析的基础方法，运用所学的知识，最后得出自己的理解，进而获得相关的技能，并且能够亲自体验到数据分析的整个过程，感受到数据分析与现实生活的密切关系。而且，在这个过程中，学生会感受到自己的价值和成功的快乐，在认识上和感情上都得到很大的回报。在一段时期的发展过程中，他们会自然地形成发现问题、思考问题的意识，具备探索问题、解决问题的能力，也会逐步形成数据分析意识，具备数据分析的能力和数据分析的素养。以"用样本的频率分布来估算整体的分布"为例子，首先，需要学生以一个小组作为一个单元，开展共同的工作，运用所学到的抽样方法，在网络上寻找数据，设定研究课题，选择抽样方法，并收集真实的数据。然后在教室里，通过教师的引导，运用光谱分布表和光谱分布的直方图来描绘和分析数据，熟悉画出直方图的流程，理解其中的统计学意义，并在练习中加以巩固和加强，接着使用直方图来对这些数据进行统计，并得到这些数据的统计特性。

（八）深化数据表征方式

相对于冗长的文字描述，图表更为直观、明晰、简练，并具有较高的概括性。我们只需要看一眼这个图表，就可以看到数字的本质。所以，我们在日常的工作中，在很多方面都会用到图表。毕业后，大部分的学生都会选择服务类、咨询类、推销类等工作，与图形相关的工作也会比较多。所以，培养学生学习使用统计图形，对他们今后就业也有很大的帮助。在具体的教学中，教师不仅要使学生了解各类统计图形的特点，还要使他们了解不同类型的图形的区别，并且要使他们学会从图形中抽取出统计信息，让学生在处理数据时，可以自己选择不同类型的图形来表征，并用数学语言来对图形中所含有的统计信息进行描述。让学生理解图表，使用图表，可以抽取和使用数学语言表达图表中的信息，进一步深化利用图表来表征数据的方法。比如，在使用样本分布来估计人口分布的时候，教师不但要教授学生频率分布表，频率直方图，而且要教授累计频率分布表，累计频率分布折线图等。

（九）优化课堂教学水平

1. 统计教学要以培养学生数据分析素养为核心目标

在统计知识中，数据分析是最为关键的一个环节，在对学生进行统计这一环节的教学时，要以提高他们的数据分析素质为主要目标，不能一味地追求应试，也不能只局限于单纯地介绍统计知识。学生不是解题的工具，教师在授课时，应注重学生的思维，抓住数据分析为统计的本质，创设适当的情境，提问适当，启发学生自主思考，使学生在获得了统计的知识和技能后，能够亲自体会和体会到观察、描述、整合、推断和质疑的整个过程，并将其作为数据分析的特点，理解数据分析的内涵，理解数学的基本思想，从而提高数据分析的水平。要根据学生的数学思维在不同发展时期的特征，进行有针对性的培养，根据学生的数据分析素养的侧重点，因材施教。在统计知识的教学中，应注意对统计样本的重视，对其进行讲解与分析，这有助于减少认知偏向，从而让学生更快更有效地获得解决问题的思想与方法。在对教科书中的样品进行最大程度的利用的时候，还要选取一些与学生的生活、学习相关的样品，来补充教科书中样品的缺陷。

2. 统计素材应联系学生的生活经验

由于统计与概率的相关知识是在实际生活中逐渐累积而成的，因此，在对学生进行统计与概率的教育时，不能脱离他们的实际生活。如果所给出的数据与现实生活相分离，就难以让学生了解其实用的意义。如果没有对教师所呈现的统计案例的亲近之情，他们就很难对这些统计分析的过程与成果引起共鸣与灵感，也很难去了解与掌握这些统计实践本身的价值。在教科书的选取上，能用实例说明的，尽可能不用虚拟的说明。例如，假如一位教师设计了一个有关"爱好体育运动"的统计活动，并预先设定了一个虚拟的班级，学生可能会因所统计的对象与自己没有关系，而丧失统计兴趣。如果教师不事先设定情境，而只是对本班的学生展开了一次调查，例如，在班级中组织一次户外集体活动，看一看学生喜欢什么类型的体育项目，这种方式能够将统计的过程和结果表现得更为逼真，也能让学生置身其中，激发出他们自己的心理诉求，进而对培养学生良好的数据分析素养和实际操作能力起到了促进作用。

3. 让学生亲历数据的收集与处理过程

学生能否充分发挥自己的主观能动性，是否具有一定的问题意识，是评价学生数据分析能力的一个关键因素，也有助于衡量学生的数学素质。在数学日趋符号化、形式化和公理化的今天，我们的数学教学应与之相应，为学生提供更多的直觉思维。在教授统计与概率的过程中，不仅要向学生教授统计的公式和方法，更要让学生明白统计的动机、统计的具体的途径和步骤、统计的结果、统计的效果意义等。通过亲身经历，加深学生对统计的价值和意义的理解，并在此基础上构建出统计知识与现实生活的联系，让他们获得一种在现实生活中应用统计知识的能力。在对这些资料进行搜集和整理的同时，学生本身也是一个对这些问题的生成、发展、演变、形成的再创造的过程，只有了解了这些问题的因果关系，才能在数学的范围内，培养出他们的创造力。

教师要把收集资料作为自己的学习起点，开展自己的教学工作。数据的收集和处理是数据分析的基础和基础，只有让学生亲自体验数据的收集和处理，他们才能对收集数据、筛选数据和处理数据的过程和方式有一个比较清楚的认识，并理解为什么要选择适当的方式收集、处理数据，从而提高他们的数据分析能力。例如，层次取样、体系取样、随机取样有何不同？应在何时选取何种样品？为何在人群中存在明显差异的情况下采用分层抽样？对于这个问题，应该让学生亲自体验一下，以便他们能够更好地了解，而不只是在教室里，单纯地告知他们怎样去选择怎样的取样方式。收集好资料后，让学生自己去感受资料的处理。例如，用什么样的统计图来描绘这些资料，用什么方法来进行运算等。同时，本文还给出了一种新的统计分析方法。因此，教师要精心设计统计与概率的程序和流程，哪怕是一个虚拟的程序，也要给人一种亲身经历的感觉，要尽量安排好统计活动的计划，让同学体会到统计思考和行动的必要性，体会到自己收集统计数据的细节。

第一，注重对资料的提取与汇总，从心理角度来讲，要意识到资料的重要意义，其次，要注重提取与汇总资料的整体思想与方式。例如，可以设计调查"学校联欢会中同学们想选什么颜色的衣服"的收集数据的活动内容，来调动学生提取数据、调查数据的热情和积极性。

第二，加强对资料的解读。在对资料进行解读时，应当将资料的内容分成三个层面：一是对资料本身的讯息进行解读，比如资料的横轴、资料的数目、条形图、条形图、图表的题目等；第二级要求学生通过数字之间的有关资料来了解数字之间的关系，例如数字之间的尺寸、数目、高度、比例等；第三个层面，则是对数据进行分析、预测，包括对不同领域的数据进行纵向分析，以及与实际问题的横向分析。其主要目的是让学生了解并掌握与资料相关的知识、技巧及应用，让学生了解"条条大路通罗马"的真理，即当同样的资料被提取时，可以有多种视角、多种方法，并根据问题的特点，选取最优的方法，从而丰富他们的资料解析观念。在此，教师要避免让学生仅限于对特定数据分析术语、理论概念、公理、公式等应试性的背诵和记忆，而要让学生形成个体化的数据处理方法，并对他们的判断能力和应变能力进行培养。

第三，在讲授的过程中，要重视结论的推导，把结论运用到现实的生产和生活中去，针对一些特殊情形，以这一理论为依据，给出了如何运用资料来处理一些特殊问题。

4. 与信息技术相结合提高数据分析素养

随着信息技术的发展，人们对各种数据的分析都离不开计算机技术的支持。信息技术的广泛应用，对数学教育也产生了深刻的影响。在统计课程中，要运用计算机等工具，进行多种模拟试验，并对所得数据加以处理。如果只是让学生自己来进行数据的运算，这不但会加大他们的计算负担，也会让他们亲身体会到统计过程的困难，还会造成学生在情绪上对统计实践的抗拒，让很多学生感觉到恐惧，进而破坏了他们的学习积极性，不利于他们统计思维的形成。因此，只有不让学生受某一种统计方法的影响，加强对多元化统计软件的应用，不断增加其实践经验，激发其对统计分析方法的兴趣，才能从宏观上培养其对随机性思维的全面掌握和理解。在统计软件中，每一项分析都要与特定的统计分析结构模型进行一一对应，利用不同的统计软件，让学生可以有条理地了解到统计数据的分析过程和思维方式。总之，在统计这一节里，教育更要与信息技术紧密结合，教师要重视利用信息技术，优化课堂，转变自己的教学方式。在统计课里，要多使用统计软件，对数据进行分析，绘制统计图表，对平均数、中位数、方差等进行计算。用这样一种方法，不仅可以调动起学生的学习兴趣，提升他们的学习热情，还可以实现一些常规教学难以实现的目标，还可以将数学课程与信息技术联系得更为紧密。

5. 重视对学生进行数据分析反思习惯的培养

反思就是以谨慎的、批判的目光去思考自己的行为、战略和决策，以开放的、积极的思维去思考问题，以达到自我完善的目的。在数学教学过程中，要培养思维的能力，使之成为一种自我完善的能力。思维的能力不是天生的，是通过不断的学习才能培养出来的。在统计课程中，要注意养成学生的思维能力，这样才能在资料处理上取得更大的成就。教师在教学中，重点在于对数据处理的方法和结果的思考，除了传授思维方式外，还要让学生明白什么是思维。例如，要思考，数据收集的方式是正确的还是错误的，是否可以采用其他的方式来收集数据，调查表的设定维度是否明确，在进行数据分析时所选的方式和途径是否合适等。整体来说，这一部分不但要对数据分析的整个流程进行深刻的反思与检讨，而且还要对数据分析的结果进行最后的思索。教师要给予学生足够的时间进行反思，比如可以采用探究式教学，多给学生合作交流沟通和反思的时间。在此基础上，通过学生对问题的反馈，来检验学生的学习情况。

第四章

基于核心素养的高中数学教学策略研究

第一节　创新数学课堂教学，发展核心素养

以"核心素养"为核心的数学课堂，应该是指在"知识和技巧""过程和方法""情绪态度和价值观"的三维目标下，师生双方都能够快速、高效、持久地发展，从而高效地实现既定的教学目标，并围绕着符合社会和个人的教育价值需求，围绕着学生的核心素养进行的一项重要的教学活动。笔者认为，要想真正提升学生的核心素质，就必须改变传统的教育理念。

一、从"非理性"转向"合理性"，确定数学课堂教学目标

要想改变数学课堂教学中的陈腐观念，必须从一节课的教学目标开始，改变以往只讲授知识、讲授方法，不注重对基础知识、基本技能等方面的做法。在课堂教学的目标设定上，要根据新课程理念，以学生的发展为根本，符合教育教学新理念，与学生的认知水平和生活实际需求相符。要正确地掌握教学中的重难点，从学生的视角来设置教学难度和重点，使其更符合学生的实际。反之，必然会对整个教学过程产生不良影响，不利于学生的思考发展，也很可能使老师在教学过程中出现偏差。

二、从"线条型"转向"模块型"，设计课堂的结构形式

传统的数学课堂设计，往往采用"线条型"的教学方式，即依靠大量的细枝末节，紧密相连，并且在每一个细枝末节中，都要借助师生之间的对话来支持和继续，因此，在课堂上，教师总是引导着学生，不能充分调动学生的学习热情，使学生的思维处于一种被动状态。新课程思想提倡以学生为主体，叶澜教授对新课程教学设计的理想化是："一种以人的发展为本的教学设计，将为教师和学生在教学中的创造性发挥，提供了时间和空间；将注意到每个同学的

个别差异（不只是在认识上），并确保每个同学都能参与积极的活动；将促进课堂教学中多方位、多种形式的信息交流。只有这样，才能让教学设计脱胎换骨，焕发出勃勃生机。"

在教学的设计上，应体现"模块型"的特征，以教为核心，科学地、立体地、有序地设置若干个"课"单元。让学生有足够的时间去思考各模块的预期目标，让学生在独立思考、合作探究的过程中，感受到成功的喜悦和失败的教训，从而达到教学的有效性，培养出积极进取、敢于负责任、有担当的核心素养。

三、从"被动型"转向"主动型"，激发学生的主动思考

在传统的数学课堂中，通常是教师提问，学生解答，或教师点拨，学生补充。这样的教学模式并不利于学生的思维，久而久之，就会丧失学生积极性，也就不利于培养他们的创造性思维。教育学家布鲁纳曾经说过："教学一门学科，并非要使其记忆一定的成果，而是要使其融入建构的知识之中。"所以，在课堂上，教师要指导学生主动地参加课堂的学习，让他们主动地去探究，让他们做知识的探索者和发现者。

就像爱因斯坦说的，"提问往往比解答更重要"。在教学中，教师要遵循学生的学习规律，为他们创造良好的环境，指导他们应用已有的知识，自己去发现新问题，去探究新的东西。在数学教学中，一种新颖的问题导入方式，应从能使学生产生浓厚的兴趣出发，从而更好地反映出数学教学的价值。教师可以向学生提一些值得思考的问题，让他们自己去想，也可以给他们一个发问的机会。这更容易调动起学生的主动性，形成一种"不用扬鞭自奋蹄"的状态，从而提高学生的思维深度。当学生独立思考无果时，可以通过小组合作探究，让学生在实践操作的过程中，感悟到新知的发生发展，从而获取知识，掌握思考问题的方法，培养学生学会学习、不断创新的核心素养。

在课堂教学中，要重视"一说二做三思考"，为学生提供发言的机会，使他们的思维在发言中得到展示，从而提高他们的分析和解决问题的能力；要向学生提供操作的机会，学生能够利用实验法、联想法、归纳法、演绎法等数学方法来猜测并验证所提出的问题是否是正确的；要让学生有自己独立思考的机会，在教学中，教师应该注重对问题进行细致的设计，对学生的思维进行启

发，充分地为给他们提供独立思考的机会，将静态的知识结论转变成一个动态的探索过程。实验结果表明，该教学法在提高教学质量方面起到了积极的作用。

四、从"单一型"转向"复合型"，驾驭数学学习方式

在"单一型"的数学课堂上，老师只讲一遍，学生只听老师的话，这与新课标提出的"数学学习活动应该是活跃的、积极的、充满个性的"这一理念背道而驰。这就需要把课堂的协作模式转变为"复合型"，在"复合型"的数学课堂中，学生可以在学生之间，在师生之间，在个人之间，在小组之间，在学生的积极参与下，进行一系列的观察、实验、猜测、验证、推理、交流，让学生经过探索、经历，获得新的发现。在合作学习的过程中，学生不但能够在彼此之间完成信息与资源的整合，还能够对自身的认知进行拓展和完善，从而 学会交际、学会参与、学会倾听、学会尊重别人。对学生个体完成的工作，采用群体处理，评价协同工作的效果，寻找提高协同工作效率的方法。

五、从"烦琐型"转向"精炼型"，规范教师的课堂语言

教师授课时的语言，经常是零零散散的，没有精心构思；有的教师还有一种"包办"和"暗示"的倾向。这种做法占用了学生的思考时间，不利于学生的思想发展。教师应精心设置探究式问题，排除"是不是"的疑虑，并在问题出现后，不再着重于要怎么去解决，而是给予学生有意义的学习机会，并让同学经过反思，做出自己的有深度的归纳，以便记忆。

六、从"三一型"转向"一三型"，合理分配课堂教学时间

在传统的数学课堂上，教师的讲授与学生的学习构成"三一型"，即教师讲三十分钟，学生自主学十分钟。这大大地压缩了学生的学与思的空间，使他们缺乏恰当的思索、怀疑、试验、探究、猜想、探讨、交流等环节，是一种极其不合情理的教学现象，往往使本应"以生为本"，以"以人为本"的课堂，成为教师展现自我的舞台，学生则沦为背景，这样的课堂教学模式不利于学生的全面发展。要使学生成为课堂上的主要人物，教师就要将课堂变为"一三型"，即教师讲解十分钟，学生学习三十分钟，使学生处于一种"发现""思索""获得""记住"的思维境界中。在这个"动脑"的活动中，学生可以积

极地去学，去拓展他们的思维；只有调动了他们的积极性，他们的创造性潜能才能被挖掘出来；通过激发学生的思维火花，实现高效、轻松的教学，才能在理性思考、判断和质疑中，培养学生的科学精神的核心素养。

七、从"一元型"转向"多元型"，采取多元评价方式

在传统的数学课堂中，教师的评价已经取代了学生的评价，一元式的评价会降低学生的课堂中参与度，不能很好地激发学生的学习热情和主动性。

提倡多元评价，让学生与学生在课堂上互助合作，让学生在探究、思考和评价中获得升华。因此，教师应该将学生的纠错、改错、评价、互动等工作放在一边，让学生的思维变得更加灵活，更让学生在评价中学会相互倾听、学会自我反思、学会不断归纳、学会猜想质疑、学会变式联想、学会理解包容。

提倡多样化的评估、师生间的相互配合，构建"助教式"的课堂，当学生独自思考学案时，听课教师和授课教师共同巡视，当面批改，关注学习困难的同学，并提供解答和指导，从而最大限度地利用教师的资源，辅助授课教师共同经营课堂，使教师的控制力得到最大程度的提升。

提倡进行多种评估，借助家长的力量，持续地激发孩子的学习热情。家长可以充分地运用知校平台等信息化网络平台，对孩子在数学课堂上所出现的问题进行即时的评估，这样家长就可以在最短的时间内对孩子在家里的表现有一个全面的认识；同时，教师也可以与家长进行交流，互相学习教育孩子的方法，从而让孩子形成一个好的数学学习习惯，并对他们的自主学习能力进行培养。

八、从"整体型"转向"个体型"

在以教师教为主导的情况下，教师不仅不会向学生分配任务，而且不会在课堂上进行测试，因而，对教师如何提高教师的教学质量提出了更高的要求。学生有没有全部学会，学会到什么地步，还需要解决什么问题，教师只有知道了这些情况，才能更好地进行教学。因此，笔者建议，在教育中，教师要根据学生的真实成长程度，重视每一位学生的差异，在课堂上适时地实施分级测验；在作业安排上，要坚持因材施教的方针，并根据具体情况，设计出"个体型"的高效作业，既可以是对目前所学内容的温故而知新，又可以是一张思维

导图、一篇体会、一个问题，如此，才能让每一个人的数学素养得到提高，从而让每一个学生都能掌握更多的知识，掌握更好的数学方法。

九、从"封闭型"转向"开放型"，提升学生反思能力

荷兰知名数学家和教育家费登塔尔先生曾经指出："反省是思维的核心，是思维的驱动。"过去，教师在做课堂小结的时候，尽管也会做一些反思，但他们只是重视对知识与方法的总结，总是把自己关在知识的领域里，看起来有点儿无聊，缺乏对方法的提炼，缺乏对思维过程的整理，以及对除知识以外的其他思考，例如，学习的成功之处、失败的原因、学习的信心、交流互动的感受等，而这些都是学生的珍贵财富。

在反思时，要让学生的思路更为开阔，可以让学生进行个人总结，也可以让学生以小组合作的形式，对本节课的学习内容、学习方法与数学思想、学习经验等进行总结，培养学生的反思能力、倾听能力、归纳能力、合作意识等。他们可以随意表达自己的观点，可以随意讨论自己的想法，如果没有充足的时间，他们可以在课下互相沟通，也可以进行反思。教师不会给他们评分，只是给他们一些补充的发言，教师要时刻关注他们的心理的改变和发展。所以，在一堂课的教学中，学生不仅能学到知识，还应在学习中增强自信心，并在反思中培养出学生自主发展的核心素养。

要使学生具备良好的核心素质，并非一朝一夕之功。转变在数学课堂上的陈腐思维，坚持科学地把握数学课堂的每个环节，把握数学课堂中的每个新产生的内容，把握数学教学中的教师的个人情感，把握数学课程中的团队合作精神，我想，我们的课堂将会十分有趣，学生的核心素质的培养也将更加顺利。

第二节 借助综合题开展高效课堂教学

一、综合题教学的重要性

陶行知曾说过，"有千百种发明，但只有一个问题""聪明的人会很聪明，愚蠢的人会很愚蠢"。马克思曾说过，"任何一种科学，只要其发展到足以应用于数学的程度，就不能称之为是一种真正的发展"。哈尔莫斯认为，"问题对于数学来说就是核心"。比如1900年希尔伯特提出的23个问题，对整个世界的数学的发展都起到了巨大的促进作用。20世纪80年代，美国开始了一场以解决问题为特点的教育改革，它对整个时代产生了深远的影响。在实际教学过程中，把问题作为指导，培养和提高学生的问题意识，是一种必要的方法。孩子小时候，父母常为孩子买《十万个为什么》，这不正是在孩子刚开始学习的年纪，就开始培养孩子的问题意识吗？问题意识是一种看不见摸不着的东西，它能激发学生的学习热情，提高他们的学习积极性，使他们成为思考者。

圆锥曲线是圆锥被平面截取后的截面，有圆、椭圆、双曲线和抛物线四种。圆锥曲线在高中数学中是一个很难的知识点，也是高考必考的知识点。根据往年的得分情况，可以看出，学生的作答情况非常差。作为压轴题目，它真的实现了压轴的目标，让试卷的区分度非常显著。掌握熟练的学生可以做得很好，而不会的学生则是一头雾水，根本不能深入理解命题者的意图，从而导致分数相差很大。直线、二次曲线是解析几何中的重要知识点，它们的结合考查了学生在学习过程中对所学知识进行综合应用的能力与水平。针对它们出的题目千变万化，命题立意深刻，表现为：一是对高考的要求很高，会求圆锥曲线的方程，掌握椭圆、抛物线以及了解双曲线的定义、几何图形、标准方程及简单性质，应达到知道、识别、模仿、会求、会解的程度；二是从多年来的高考经验与命题方式来看，对二次曲线的考察较深，所涉及的转换类型较多，较难掌握；三是需要具备较强的逻辑推理和运算解决能力，并具有较强的数据处理能力和应用意识。在每一年的高考中，对圆锥曲线的考查，都属于检验学生学习能力的有效方式。然而，在过去的几年中，学生的得分却普遍偏低。这是因为一些教师在对直线与圆锥曲线的综合研究方面，缺少了深度。他们经常以此题的难度较大，过程烦琐为理由，让学生参考习题答案来进行解答，以此来搪塞敷衍。

二、综合题教学方法的审视

（一）消元、换元、降次

简约美是一种普遍存在的数学美，它以简洁的形式和丰富的内涵而突出了它的特点，在数学中，它往往可以在计算中得到体现。把线性方程组和二次曲线方程组结合起来，用消元把方程组变成单变量方程组，便于对其性质进行研究。变换方法具有合成意义，利用变换可以使表示更为简单，形式特征更为显著，解的方向逐渐明确。降阶可以使问题变得更简单，而且可以更有效地分析它的特性。我们一般都会对低阶进行深入的研究，然后用降阶的方法来简化问题。从这里我们可以看出，消元，换元，降次等方法可以使公式更加简洁。

（二）对称思想

圆锥曲线本身就是对称的，这就是一个解决问题的方法，通过韦达定理，就可以得到它的两个根数，这证明了对称思想的重要性。因此，在设点的时候要注意利用对称思想，解答时要注意分析其对称的特点。从美的角度看，对称美是一种与审美角度相一致的美，而轴对称图案就是图案绕着对称轴线旋转而形成的。因此，如果问题中的图形是对称的，那么整体上这个问题就会变得更简单，更容易处理。

（三）数形结合思想

圆锥曲线是解析几何中最重要的一部分，它是通过代数来研究的，而几何问题是通过代数来表达的，而曲线上的点的坐标又是二元二次不确定方程的，因此，我们可以通过点的位置来解决问题。在求解二次曲线问题时，先用图解的方式来了解曲线的特性，再用代数的方法来严谨地证明所得到的结论是正确的。图形所表现出来的明确和具体，可以让人们对问题的认识更加直观，而具体的图形则可以让人们在求证时更加明确其中所包含的关系。但是，也要注意到图形的局限性，常常会画出图形的特殊性，混淆了其所具有的性质，使图形呈现出消极的效果，这就需要用代数方法来证明其正确性了。所以，要想解决这个问题，最好的办法就是用几何图形，然后用纯代数的方法来证明。

（四）分类讨论思想

参数或变量的不一致，导致了分类的讨论。在运用"分而治之"的思维方式进行研究时，要注意"分而治之"的时机。一般情况下，首先按解题的一般要求解决，当需要讨论参数或变量时，将其归类，再一一说明。我们对其分类标准进行了界定。比如说，在直线的五种形式中，除了直线方程的一般式之外，其他四种形式都有问题。然而，在圆锥曲线问题中，为了求解的方便，往往会将直线的方程设为点斜式。所以，如果直线斜率不存在，就需要对它进行分析，看它是否满足题意，通常还需要对它进行特别的说明。与此同时，当斜率不存在的时候，问题会变得更加简单，也更好解决。因为分类产生的理由，所以分类的格式通常是"当……时，当……时，总之……"，这种方式可以体现出解题的层次感和递进性，也可以表现出对于问题解决的综合考虑。在对数据的分类进行探讨时，通常根据情形内部的交集，情形之间的并集来处理。有些学生对分类讨论的思想方法有模糊的认识，看到这种题目就觉得很难，很麻烦，没有解决的方向。在分类的时间、分类的标准、分类的格式以及数据的处理上，应予以特别关注。

（五）统一定义

二次曲线是由一个点所画的一条线，它到一个固定点的距离和到一条固定线的距离之比为一个常量。如果$e>1$，则为一条双曲线的分支；在$e=1$的情况下，它是一条抛物线；在$0<e<1$的情况下，它是一个椭圆形；如果$e=0$，这个椭圆就会退化成一个圆。根据圆锥曲线的共性，圆、椭圆、双曲线、抛物线等曲线往往具有相似的性质，在学习过程中，它们之间的知识和性质可以类比，对应的求解方法和策略也可以类比。

第三节　开展高效课堂，培养学生核心素养

一、变式探究策略

在新课程改革的背景下，高中数学教学面临着一种新的教学模式。怎样的教学方式才能激发学生的思维，使他们对数学有更深的认识？哪种教育方法最有成效？怎样的教育环境才能造就一个优秀的人才？要想解决以上的问题，首先要为学生创造一个丰富的智力环境，营造出一种师生之间可以相互支持、相互欣赏、相互接纳的气氛，只有在这种气氛下，学生才能更直接地表达出自己的内心世界，进而激发他们将自己的思维过程展示出来，将自己最真实的一面展示出来，这样的学习氛围才会对培养学生的多元智力起到积极的作用。变式教学在开拓学生思维方面具有十分重要的作用，能够促使学生自觉地将数学学习技巧内化为自己所需，使学习过程变成学生主动的探究过程，进而提高学习效率。因此，将变式教学应用于高中数学课堂，既能提高课堂教学的效果，又能促进学生的全面发展。本节对在高中数学中应用变式教学的意义与策略做了一些粗浅的探讨。

（一）变式教学在数学教学中运用的意义

1. 有助于学生多角度地理解数学知识

利用变式教学，向学生展现出了不同的数学题之间的相互联系与差异。比如，使用一题多用或是多题归一等，让学生在变式学习中体会到数学的魅力（一题多变、一题多解）。通过这样的学习，学生可以从多个角度去理解数学知识。

2. 运用变式充当化归的台阶

归一化是一种将未知问题归结为已知问题，将复杂问题归结为简单问题。在数学教学中，利用"化归"的思维方式，可以有效地解决许多类型的题目，

是一种值得重视的思维方式。但是，在许多情况下，未知或复杂的问题与已知或简单的问题之间经常没有明确的联系，所以就需要用变式在二者之间进行合适的铺垫，作为化归的阶梯，让二者之间的联系变得更加清晰。运用变式教学，能够促进学生在解决问题的过程中，培养并提高他们归纳、总结问题的能力，真正做到透过现象看本质。

3. 运用变式构建认知经验系统

变式教学能使教学方式更多样化，使教学过程更有层次。如果要让学生将教材中的知识转换为自己的知识，并具备分析、解决问题的能力，就必须确保学生在变式条件下进行恰当的训练，以此来促进学生形成自己的知识体系，让他们在未来的学习中能够灵活地应用。

（二）变式教学在高中数学中的运用

1. 变式教学在概念教学中的运用

概念是学好数学的根本，它是一门学科的灵魂与根基。所以，在高中数学中，概念教学是一个非常关键的环节。在引导学生对概念的学习、理解、掌握、应用，以及掌握蕴含在概念中的数学思想和方法，从而形成数学能力的过程中，变式教学起着无可替代的作用。

例1：双曲线定义的变式

双曲线定义：在平面内，到两个顶点 F_1 到 F_2 的距离之差的绝对值为常数（小于两定点之间的距离 $|F_1F_2|$ ）的点的轨迹叫作双曲线。为使学生对定义有更清晰的理解，我们做了以下变化讨论。

变式1：如果用"等于 $|F_1F_2|$ "代替"小于 $|F_1F_2|$ "，而其他条件保持不变，那么这一点的运动轨迹为（　）。

变式2：如果用"大于 $|F_1F_2|$ "代替"小于 $|F_1F_2|$ "，而其他条件保持不变，那么这一点的运动轨迹为（　）。

变式3：如果去除了"小于 $|F_1F_2|$ "，而其他条件保持不变，那么这一点的运动轨迹为（　）。

变式4：如果去除了其中的绝对符号，而其他的条件保持不变，那么这一点的运动轨迹为（　）。

在引入新概念之后，指导学生对新概念的内蕴和外延的设计问题进行区分。找出概念的等价形式，或者明确变式的含义，从而实现对概念的深刻理解和灵活运用。在上面的例子中，我们利用变式辨析的方法，把双曲线的定义给弄清楚了。这样，我们就可以绕开那些错综复杂的概念，真正了解概念的实质。

2. 变式教学在问题解决中的运用

问题解决是数学教学的一个重要环节，它是联系知识、技能和思维方法的纽带。相对于标准题，变式的干扰因素较多，学生要做好排除干扰的工作，还原问题的实质。在解答问题的过程中，学生一旦掌握了基本的解法，就可以利用变式教学（一题多解、一题多变、多题一解），加强他们对知识、方法的理解与掌握，从而使他们对问题进行多角度的思考，跳出思维定式，在解答问题的过程中，发展思维，并感受到知识的可贵，从而提高解题能力。

例2：一道问题的答案

原题：知道等式 $x^2-mx+3=0$ 的实根，找出 m 的值。

变式1：如果二次函数 $f(x)=x^2-mx+3$ 的图像具有 x 轴上的共同点，求出 m 的值的大小。

变式2：如果一个不等式 $x^2-mx+3\leqslant0$ 的解集合不是空，那么我们就可以得到一个 x 的值为 m 的区间。

变式3：如果一条直线 $y=mx$ 和一条抛物线 $y=x^2-mx+3$ 之间存在一个共同点，求一条直线 m 的值。

这三种变化与原来的问题明显是等效的，它们的解法也是相同的。这样的变式能够使学生明确二次方式、二次函数、二次不等式、二次三项式以及二曲线交点问题之间的联系和转化规律，使学生对此类题的本质联系更加清楚。

因此，在高中数学课堂上，教师应充分利用变式教学，以提高学生的数学水平，从而提高他们的数学综合素质。

二、问题驱动策略

（一）选择适合的、有意义的概念教学内容

在问题驱动的视角下的高学数学概念的教育过程中，教师要转变自己的教育观念，认真地反思以往问题探究教学过程中的不足之处，选择适当的、有意义的问题来指导学生的学习与思考，将问题驱动的教学方法的优越性充分地体现出来，以保证自己所提炼和设计的数学问题可以符合学生的需要，也可以符

合学生的学情。例如，在进行"直线与平面平行"部分概念的教学时，有许多教师认为该部分问题的难度很大，不知从哪里入手，因此在选取探究内容时，常常是简单地提炼，一笔带过。而在优化实践教学中，数学教师在研透教材的基础上，可以通过平面空间的方法来对概念进行讲授，引导学生联系数学概念，构建一个立体空间，然后通过问题对立体空间进行一次一次的探究，将概念与应用对接，让学生进行自主思考和交流，从而实现对概念的有效理解。

（二）明确问题驱动教学的基本流程

在高中的数学观念教学中，要贯彻"以生为本"的教学思想，必须有一整套严谨的教学流程。首先，依据新一轮新课改明确提出的"核心素养"培养目标，通过适当的"问题"式的教育情境，对"问题"进行系统、有针对性的提炼，使"问题"具备一定的"适度性""探究性""代表性"；其次，按照"观念课"的要求，把学生分成不同的小组，尽可能地让学生有机会进行集体研讨、个人表现，并让他们进行合理的分析、思考和讨论，实现了"翻转课堂"；第三，通过与学生的交流与分享，使学生可以根据自己的不足，克服自己的困难，更好地找到新的概念的学习方式和问题的解法。所以，在教学中，教师可以组织一些小组讨论活动，帮助学生加深对知识的理解。同时，教师提出问题后应注意归纳与反思，多设计几道考查题目，加强对问题的引导。

（三）结合教学内容创设问题探究教学情境

高中的数学概念多而又杂乱无章，学习相对单调，难以激发学生积极探索的兴趣。如果教师想要用概念教学来加强学生的数学理论基础，那么就必须以课堂上的教学内容为依据，来创造一个灵活的问题探究环境，用一种学生感兴趣的方式来引导他们进行表达和思考，让学生在生活化的问题驱动下，有效地提升独立思考能力，并且将概念知识和实际生活之间的密切联系建立在科学的基础上，从而提升学习兴趣。

三、过程展示策略

在现代数学教育中，要使学生由"学会"向"会学"转变。学会学习最基本的方法之一，就是让学生在学习中表现出自己的思考过程，让自己的学习变成一种活动。著名的数学教育家斯托利亚尔曾说过："数学教学不仅仅是传授数学活动的成果，更是传授思维活动。"所以，在数学教学中，既要体现出学生学习的成果，也要体现出学习的过程，即获得数学理论的过程。在数学教学过程中，不讲背景和条件，不讲思路和过程，忽视思想和方法，只是照本宣科，把结果硬塞给学生，这无疑会压抑学生的探索、发现、创新思维，妨碍学生的思维发展和能力的提升。

（一）经历数学概念的形成过程

新课程标准明确指出，在进行抽象数学概念的教学时，要关注概念的现实背景和形成过程，在进行概念的教育时，教师不能只是单纯地讲定义，而要更多地从概念的产生与发展出发，给学生创造一个思考的环境，让他们通过观察、比较、概括，由特殊到一般，由具体到抽象地进行思考，如此，才能保证他们对新概念的了解与把握，并能培养他们的抽象思维。

（二）体验数学问题解法及拓广的探索过程

著名的数学教育家玻利亚在《怎样解题》中着重指出了四步，即理解问题、制定计划、执行计划和回顾反思。而在这四步中，我们的教师常常忽视了对解题方法的探究，使得学生在遇到问题时，感觉教师的思路很好，但是却又不知道该怎么去思考。所以，在解决问题时，教师应该注重引导学生探索、发现和拓展问题的方式，避免找不到重点的解决问题的方式。与此同时，因为许多数学问题的解法是多种多样的，所以，教师要给学生留下思考的空间，鼓励他们表达出自己的观点，从多角度、多侧面对问题进行思考。

（三）重视过程教学应注意的问题

在强化过程教学的时候，教师一定要努力将数学知识中所包含的最为重要的思想方法展现出来，将这些深层知识从潜形态转化为显形态，让学生对数学思想方法的模糊感觉变得清晰，从而领悟到数学思想方法的应用方式。

对数学知识的探索、发现过程进行充分的展现是必要的。但是，教师还应该对学生的年龄特点以及他们已经拥有的知识水平进行考虑，在对难度的把握上，应该让大多数学生能够接受并掌握，这样才能让他们的学习兴趣得到提升，不能为了展示过程而把内容变得过于困难，从而打击了学生的学习积极性。并不是所有的数学概念、定理、公式和法则都要展现出过程，而是要树立起一种"过程数学"的观念，根据不同的教学内容，采取相应的方式，引导学生进行探究。

第五章

基于核心素养的
高中数学教学案例分析

第一节　基于核心素养的高中数学概念教学案例分析

在高中数学学习中，数学概念是一切数学知识的根本，是学生抽象、推理、运算、分析等数学必备素养发展的支柱，因此，充分理解并熟练运用数学概念对学生而言是十分关键的。以核心素养为指导，以不同的思路开展数学概念的教育，既有利于高中数学的教学，又有利于学生的身心健康发展。

一、完善高中数学概念教学的引入策略

在高中数学中，一些概念往往比较抽象，很难理解。因此，在引入概念时，若教师的讲解过于生硬，将会极大地影响学生对概念的理解和应用，进而极大地影响了学生核心素养的形成。因此，有必要进一步改进引进数学概念的计划。在不同的条件、不同的背景下，所采用的方法应不尽相同。在当前的概念教学中，由于缺乏对概念发展的历史与文化的介绍，导致了学生的数学基础不扎实，教师可以用讲解概念发展的历史或数学家的背景故事的方法来导入。例如，在学集合时，教师可以向学生讲述坎多的故事；在学概率时，教师可以告诉学生概率的起源，也可以从特定情境出发，引入真实的概念。很多的数学概念都与我们的实际生活密切相关，通过情境将概念与实际相结合，可以使抽象的概念更加直观，有助于学生更好地理解和接受。在此基础上，进一步增强了学生的数学概念应用意识，有利于提升他们的基本素质。以"奇函数和偶函数"的概念为例。"函数的奇偶性"是一种很重要的函数和特性，我们可以用情境的创造和类推的方法，引入奇函数和偶函数的概念。首先，本课以我们日常生活中常见的几种图形为例，要求学生思考是否存在类似的图形。其次，出

示两种不同的函数，要求学生用描点法画出它们的图形，并要求他们对它们的特点进行判断，判断它们是否具有轴线和轴线的对称。第三，通过图形的数字化表达，让同学们用两种不同的自变量代替它们，然后进行运算、总结。最后，教师进行归纳，把具有第一个函数特性的叫作奇函数，把后者叫作偶函数，并让学生试图归纳出两种函数的定义，教师再对其进行详细的讲解。

二、巧设问题引领学生探究概念内涵

在高中的数学概念的教学过程中，对概念的进一步探究与领悟，是全面地把握与应用数学概念的前提。对数学概念展开的探索，可以有效地推动学生抽象、推理、分析、创新能力的发展，而这些品质正是核心素养的重要构成部分。因此，指导学生探索概念的含义，是实施概念教学的一种有效方法。"问题"是对概念内涵进行思考和探究的载体和渠道，在提出问题、思考问题、解决问题的过程中，学生能够对概念内涵有一个更深刻、更完整的认识，从而为未来的扩展运用奠定了基础。基于这一点，在数学概念的教学中，要注重对与概念有关的问题的设计和应用，通过问题来引起学生的关注，激发学生主动思考、主动学习的欲望，促进学生核心素养的发展。在设计问题时，教师要注重引导学生对概念的形成过程、不同概念和知识之间的联系、概念的内涵及扩展等方面的理解，提高概念教学的质量。

案例分析："充分条件和必要条件"概念

在学习这个概念前，学生对真假命题的有关内容都已经有了一定的了解，所以，在学习"充分条件和必要条件"概念的时候，教师可以把以前的知识作为一个突破口，用问题情境的方式来教授新概念。首先，教师提出了若干命题：①平行四边形的对角线是等价的；②两个四边形的对边都相等，称为平行四边形；③四边形的四边形是等价的。针对这些命题设计了一系列的问题，以使学生能对这些命题做出正确的判断：①三个命题为真或假；②对每一条观点的相反观点；③各命题逆命题为真或假；④每一命题都有哪些条件，有哪些结论；⑤归纳出各命题的条件及结论是否可以互相推演。在对这些问题进行思考和总结的基础上，教师引入充分条件和必要条件的概念，整个过程循序渐进，能够让学生更加深刻地理解概念的内涵。

三、重视对高中数学概念的扩展应用

数学是一门实用性很强的学科，在实际生活中的应用很多，而如何提高学生运用数学思维解决问题的能力，也是学生核心素养的一个重要方面。因此，在高中数学概念的教育中，教师既要对其进行深刻的解释，又要注意对其进行延伸、转移、运用，使其能够从抽象走向具体，从理论走向实际，从而提升学生的思考与分析能力，从而提升其数学综合素质与核心素养。基于此，教师在进行数学概念教学时，要注意与生活相联系，引导学生应用所学的数学概念和知识，来对待和解决实际的问题，同时，通过应用，加深学生对这些概念的理解，进而提升学生的数学概念学习水平。

案例分析："直线与平面垂直"概念

"直线与平面垂直"在我们的生活中是非常普遍的，它在很多方面都有广泛的应用。所以，在教授这一概念的时候，教师可以对生活材料进行引入、讲解和扩展，从而有效地提高学生学习的积极性，确保教学的质量。首先，教师可以用图画、录像等形式，把"直线与平面"这一在生活中经常出现的现象展现给学生，并让学生用自己知道的例子来加强理解，把概念和现实相结合，教师再对"直线与平面"这一概念进行归纳和总结。在教学过程中，教师引导学生利用所学知识来证明生活中的事例，从而加深对所学知识的认识。

总而言之，在高中数学的教学过程中，概念教学是一个不容忽视的环节，教师要在核心素养的理念的指引下，对数学概念的教学方式进行持续的探索和创新，让学生通过对概念的学习，提升自己的抽象、分析、推理和运算的能力，进而提升自己的数学综合素质和核心素养，为未来的发展奠定良好的基础。

第二节　基于高中数学核心素养的大单元教学案例分析

在高中数学核心素质中，数学抽象、逻辑推理、数学建模、直观想象、数学运算、数据分析等是其重要构成部分。在高中数学教学中，要树立以培养学生的数学核心素质为目的的教育观，把学生的核心素质的培养融入教学设计之中，在教学活动中培养学生的核心素质。在此基础上，本节提出了一种基于"渐进""连续性"和"整合性"的新概念。这就要求教师既要注意每堂课的教学目标，又要站在较高的位置上，注意主题和单元的教学目标。这一部分笔者通过对"函数单一化"大单元教学设计途径的探索，对如何在高中生核心素养基础上进行大单元教学设计提出了自己的见解。

什么是"单元"？单元，是由具有一定联系的不同的部件或内容组成，并能起到独立的功能的一个整体。高中数学大单元的思想以课本为依据，不受课本顺序的约束，根据系统论的观点，在教学整体观念的指引下，对知识进行有序安排，从而提升教学效果。

"中学数学大单元"教学设计，就是要从"课标"的角度出发，对课本内容进行总体把握，对学情进行全面的认识，对教学目标进行明确的定位，对课本中的重点难点进行准确的把握，对数学知识的主线、学生的认知规律、教学组织原则等进行探讨，最终提高教学效果。其主要内容有：确定教学要素，分析教学内容，设定教学目标，设计与实施教学过程，反思与调整，评价等。这样的设计思路，能够让教师对一些教学内容有更深层次的认识，从而使数学教学更加清晰、透彻，提高了教学的效率和针对性。但是，在目前的情况下，高中数学大单元的教学设计仍需要进一步的探讨。

为此，笔者以"函数单一化"为例，对高中数学本科课程的教学进行了初步的探讨与尝试。

在高中，函数的单一化是学生需要把握的函数的三个最主要的特性之一，与函数的概念、奇偶性、周期性密切相关，与高中基本函数、不等式、数列、导数等主要知识密切相关，在探究和研究其定义时，也会运用到逻辑用语。在这种情况下，可以将函数的单一化作为一个大单元的跨章教学内容来进行整体性的教学设计。根据实际情况，本节提出了一套大单元的教学设计方案，如图5-2-1所示。

图5-2-1　高中数学大单元教学设计路径

一、选取内容要点

以课程标准的要求为依据，以函数单一化在教科书中的地位与作用以及前后知识之间的联系为依据，并结合高一学生的认知发展规律，选择了以下几个问题。

（1）在函数图形的帮助下，使学生能够用符号化的语言来表述对函数的单一性的定义，体会由直觉联想到数学表述这一抽象的过程，体会在数学逻辑术语中，量化词语的严谨。

（2）使学生了解利用代数法来证明函数单调性的基本思想及证明方法，并训练他们的逻辑思维及数学操作能力。

（3）通过对初等函数的极值、奇偶性、周期性等特征的分析，使学生感受到这些特征的共同和不同，从而深化对单调性的认识。

（4）通过问题情境的创设，引导学生近用函数的单一性来分析、解决问题，加强对概念的认识与应用，提高他们的数学模型素质与创造力。

根据以前的教学经验，高中数学必修一中函数的单一性一共需要两节课时，内容包括上面的问题（1）和（2），接着我们要学二次函数的再研究和幂函数，这时我们要引入"奇偶"的概念。但是只有在学了必修四的三角函数后，我们才会知道什么是"周期"。这样的教学方式，是把函数的三个性质分别放在了高中的三个阶段，只有到了高三复习和备考的时候，教师才会把这三个性质联系在一起，系统地复习，让学生理解和应用三个性质。从这里可以看到，对于函数性质的学习，有一种脱节的感觉。因此，在高一初修函数的单调性时，应以大单元的理念对教材内容进行调节与重构，将函数的特性视为一个整体，从函数的单调性、奇偶性（对称性）、最大（小）值等几个角度入手，使学生能够完整地认识到函数的整体特性，并进行对比、体会与综合，使其对单调性有更清晰的认识。

二、确定教学要素

在大单元的教学设计中，一般都会有一条知识主线，将一定范围内的概念、方法、命题、思想等组织起来，并互相关联，形成知识链，化无序为有序，让结构更为严密。为了让学生对函数单一性的认知逐渐深化，让他们的表达逐渐变得更加明确，在大单元的概念下，教师可以将本单元教学要素具体划分为：教学内容、学情分析、教学目标、重难点分析、教学过程设计等。因此，在函数单调性这一部分的教育内容中，应当包含如下几个方面：确立函数单一性的观念，让学生经历图形语言、自然语言到符号语言的思维过程；了解函数单一性证法；奇偶与周期的概念。本节主要讨论了三种函数之间的关系，运用功能的本质来处理现实中的问题。可以看出，在大单元的教学设计中，除了要对有关单一性的知识进行学习和了解之外，还要对奇偶性和周期性的概念进行一定的了解，只有通过将单一性与其他函数的性质进行对比，才能清楚地认识到它们的各自特点，体会到函数的局部和总体性质之间的差异，从而加深对函数概念的认识，最终构建出一个完整的知识网络。因此，在教学中，学生可以感觉到，因为不同的函数有着不同的特性，这就让它成了一种可以用来表示真实世界规律的丰富的数学语言，进而可以体验到函数变化万千的魅力以及应用价值。

三、制订教学目标

教学目标既是教育的起点，又是教育的终点，贯穿于教育的全过程。在提升数学核心素养的前提下设计教育目标，教师应当着眼于在何处、如何培养学生的核心素养，唯有如此，提升数学核心素养才能有一个清晰的方向与载体。

（1）数学抽象：建立函数的单调性，奇偶性，周期性，以及与其他函数的单调性之间的联系，等等。

（2）逻辑推论：运用单一性的概念，给出相应的推论和证明。

（3）数学模型：通过学习该单元的知识，构建出函数的概念，并运用函数的单一性来解决实际问题。

（4）直觉思维：通过对函数图形的分析，了解函数的单一性，解决具体问题，发展出数形相结合的能力。

（5）数学操作：学生可以通过一些计算来判定一个函数的属性，并可以更好地了解与此有关的操作，从而可以更好地解决一个问题。

（6）资料分析：学生可以根据函数自变量和函数值的资料特征，对函数的特性进行分析，从而更好地解决问题，并通过资料的分析，加深对与函数单调性有关的认识。

在这种情况下，"以人为本"的教学模式更强调了"以人为主"的教学理念。显然，上述的教学目标，从数学核心素养的多个方面，对本单元的教学给出了明确的要求和指导，使教师在进行每一节课的教学设计时，都能立足于核心素养的实现，并满足教学目的，为学生提供高质量、高效率的课堂奠定良好的基础。教师要保证各大单元中的课程间存在着良好的相关性和分层关系，从而实施单元知识的过程中，达到了对学生数学核心素养的培养的目的。在设定课堂教学目标时，要结合本节课的具体教学内容，考虑六大学科核心素养在教学中的载体和方式，把核心素养融入具体的教学中去；注意核心素养目标在课堂上的针对性和可操作性，把一个大单元的教学目标分解为每一节课要实现的核心素养，并把它融入教学内容和教学过程中去。

四、设计教学活动

要想对学生的核心素质进行培育，就需要教师来创建并组织符合其特点的教学活动，要充分调动学生的学习热情，能够进行独立思考，能够进行合作交流，只有在这种情况下，学生才能够体会到从直观到抽象，从特殊到一般的教学互动过程。基于学科核心素质的教育，必须把握数学知识的本质，营造一种自然而然的教育情境，引发学生探究性的数学问题，激起他们的好奇心与求知欲，激起他们的内在动力，促使他们积极地、热切地去思考与探究，使整个知识点的获取与教室气氛"活"而生动，这才是高效的课堂。比如，在刚开始学习单一性的定义时，笔者让学生做了一个关于$y=x$，$y=1/x$，$y=x^2$的图像，让学生对这个图像从左到右的"上升"或者"下降"的过程有一个直观的感觉，然后再通过问题来逐渐启发学生，让他们用数学的方式来描述这个图像。图5-2-2给出了这一思想的教学过程。

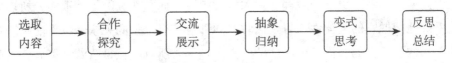

图5-2-2 函数单调性教学活动设计

在本课程中，如何用数学语言来表述函数的单调性，是一个比较困难的问题。如何自然地让学生自己对定义进行抽象化，教师可通过设置情境，多设计一些相关的问题串，逐渐引导学生"上道"。比如，在$y=x^2$（$x>0$）图像中，从左到右有上升趋势，自变量大，函数值大。教师可以提问：你能不能再举个其他的例子？能不能请你说完这个例子？有没有办法处理这个问题？在小组讨论的过程中，学生就会逐步认识到要用变量来表示无限大的必要性，此时，若对已有的函数单调性定义进行表达和加工，进而形成一个完整的、精确的单调性概念，就不会过于强硬和突然了。经过"顺其自然"的教育，能够使学生更加深刻地理解一个概念的本质和含义，提高了他们用数学的眼睛去发现问题，用数学的思维去解决问题的能力。

在课堂上，教师要创设吸引学生的情境、活动或题目，鼓励他们从数学的角度去抽取信息，去思索问题，使他们能用符合要求的数学模型来表达问题，并把自己所学的数学知识和技巧用于问题的求解。解决问题主要有三个层面：一是研究对象；二是"活动"的种类，也就是以何种形式进行的；三是"活动目标"，即经过思考后所得到的结果。此时，教师要意识到，所设置的问题不能只靠死记硬背、重复来解决，而要把问题引向教材中的关键、难点，问题与问题间要具有某种逻辑联系，这样就能形成一种行之有效的问题驱动式教学方法。

在这一过程中，学生能够经历并逐步了解到关于函数的问题的基本过程：从现实中找出实例—提炼出相关的知识—构建出一个新的概念—探究出一个新的规律。学生经历了一个完整的数学思维过程，其主要的步骤包括：对研究的问题进行界定，对研究的内容进行界定，对研究的方向进行选择，对研究的进度进行规划，对研究的结果进行总结。要明白，在一个充满思维火花的课堂里，一定会有很大的机会让学生的数学素养得到提升。

五、反思及调整

大单元的教学设计一般都包含大量的内容，而且涉及的章节很多，所以为了更好地把握它的整体性，每个课时之间都应该有很强的关联性，不能只表现为单一的、孤立的、没有关联性的"知识点"。所以，在每节课结束后，教师们都要根据自己的学习计划，不断地自我反省，不断地修正自己，看看自己的教学是否达到了自己想要的成果。

以函数单调性为主要内容，进行大单元教学设计时，要将其分解为几个课时，教师要确定每一个课时所担负的教学任务，要对每种函数性质的学习范围和难度进行控制，要考虑清楚每一课时提升的是哪些方面的数学素质，等等。教师要通过对学生的学习和思维的关注，来发现他们在教学中出现的问题，并据此做出相应的改变，改进自己的教学方法，教学速度，掌握学生的学习进程，实现所设定的教学目标。教师要知道，通过这种大单元的设计，可以使学生更加清楚地了解函数单调性的概念，进而建立起一个体系的知识网络，反映出巩固知识、提高能力、发展素养的教学追求。

在高中数学教学中，怎样提高学生的数学核心素养，是一个很有意义的课题。大型单元的教学设计要求有整体观念，这一部分只是对以核心素养为基础的大单元教学的设计思路进行了较为浅显的探讨，目的在于充分发挥大单元教学理念的优势。在教学实践中，怎样做到"以大单元为单位"，做到"因势利导"，使知识点"融会贯通"？在大单元的教学设计中，怎样把握好度的问题，使学生可以有条理地进行学习与理解，又不至于由于知识点过多，使学生眼花缭乱、无从下手？怎样有效地提升学科核心素养以及教学质量？要解决这些问题，教师还要在教学实践中不断地探讨，以此来积累更多的教学案例，并创新地总结出更加生动、有效的教学方法和学习方法。

第三节　基于核心素养的数学思想破解高中数学教学难点的案例分析

在强调核心素养的今天，高中数学的教学重心发生了很大的改变，它不再只是简单地讲解数学知识和解题技巧，还需要将其中存在的数学思想向学生解释清楚，从而让学生养成良好的学习习惯。就数学思想来说，它不仅仅是一种教学内容，也是一种可以帮助学生更好地解决有关问题的工具。尤其当学生遇到有较大难度的问题时，可以利用数学思想的方法，来实现对难点的突破。从实质上来说，数学教育包含着两个层面，一是基本的数学知识，二是数学观念。在解决数学难题时，数学思维往往起到不可替代的作用。所以，在核心素养的背景下，通过应用数学思想，可以有效地解决高中数学的教学难题，从而达到提高高中数学的课堂教学效果的目的。

一、数学思想在破解高中教学难点中的作用

首先，它帮助学生记住了一些东西。在核心素养之下，在学习数学知识的过程中，不仅需要对有关的知识进行充分的理解，而且还需要回忆起所学过的有关知识，以及在学习时的思维。数学思想是数学学科的一般原理和本质，在具体的学习过程中，掌握数学思想对学生掌握知识的精髓，加深他们的记忆至关重要，让他们在运用这些知识时，更容易回忆起来。从这一点可以看出，通过对数学思想的掌握，可以更容易地促进学生对困难知识的理解和记忆。

其次，可以帮助学生加深对有关数学知识的了解。在数学思想中，有很多的内容，比如类比思想、化归思想，它能够让学生从已知的知识开始，引导学生化难为易，加深对新知识的理解，从而达到破解难点的目的。

再次，帮助学生认识自己。培养学生数学思想，不但有助于提高其学习能力，还能加强学生对数学知识的理解，进而突破教学难点。

最后，帮助教师更好地指导学生解决问题。加深学生对数学概念的理解，既可以帮助他们厘清自己的学习思路，又可以激发他们把数学概念运用到实践中去进行思考，同时，利用数学概念的"辅助"和"引导"作用，也可以激发他们自己思考，从而达到一道题目多解、高效求解的目的。

二、核心素养视域下利用数学思想破解高中数学教学难点的案例

（一）利用数学思想破解椭圆教学难点

1. 教学内容的分析

这一节的教学重点是椭圆的概念，只有将其与图像联系起来，并注意到概念当中的关键"距离之和等于常数（大于两定点之间的距离）"，才能更好地理解教学难点。用距离之和与常数相等（等于两点之间的距离），距离之和与常数相等（小于两点之间的距离）的图形进行研究，可以加深学生对数学知识的理解。在这一部分中，主要有以下几个方面的内容：①椭圆及其规范方程的定义；②关于椭圆问题的规范方程的推导。

2. 教学过程

首先，设置情境，完成概念导入：①联系生活，让学生想一想他们周围的东西和椭圆形的形状；②用实物展示，让学生观察，当一个圆筒形的杯子倾斜时，水会变成什么样子。

其次，进行实验探索，形成观念。教师用线和图钉在黑板上画出一个椭圆，并用线和图钉连接起来，形成一个椭圆，提出问题："根据实验研究，在什么情况下，一个点的运动轨迹是一个椭圆？"接着，教师指导学生归纳椭圆的定义：平面内和两个定点F_1，F_2的距离和常数相等（大于$|F_1F_2|$）的点的轨迹叫作椭圆。在这种情况下，教师可以用两个点来表示两个点的焦距就是椭圆形的焦距。教师引导学生去想，在以F_1，F_2为中心的椭圆上，点M的特性是什么？得出结论：假定M在椭圆上，则$MF_1+MF_2=2a$（$2a>2c=F_1F_2$）。

最后，进行讨论和探索，并对椭圆形方程进行推导。教师可以提问："用坐标法求解曲线方程有哪些方法和步骤？"接着，引导学生展开研讨："已知焦点是F_1，F_2的椭圆，$|F_1F_2|=2c$，椭圆上的任一点为M，$|MF_1|+|MF_2|=2a$，尝试

推导出椭圆的方程。如何建立一个能让方程更容易求解的坐标系？"研讨之后，归纳、总结各组学生所讨论出的方案，并让学生独立完成椭圆推导的整个过程。

（二）利用数学思想破解方程与函数的教学难点

1. 教学内容的分析

在高中阶段，学生就已经接触到了方程与函数的有关知识和图像，并且学习到了直线方程和直线位置的关系，但是，学生对有关知识的理解都是相对独立的，只是浅尝辄止。进入高中之后，就需要学生自己思考，将图像位置与方程组的关系联系起来，解决两条直线交点和二元一次的方程组解的问题。在教学初期，教师可以运用"函数""等式"的概念，来帮助学生更好地了解、掌握有关知识。

2. 教学过程

首先，在课堂的引入环节，教师可以利用多媒体，用动画的方式，展示两条直线之间的位置关系，从而引出两条直线之间的交点，及方程之间的关系。之后，通过设计相应的问题，指导学生小组讨论，让学生对两条直线之间存在的位置关系做出判断，从而全面地了解有关知识。这时，教师可以提出以下问题："两条直线是L_1：$x+y+$（　　）$=0$和L_2：$x+y+$（　　）$=0$，L_1和L_2存在着怎样的位置关系？"教师可引导学生从直线与点的位置关系开始，不断过渡，从而总结出两条直线的交点和构成方程组之间的关系，若得出的二元一次的方程组只有一个解，即表示两条直线的关系为相交；如果得到的二元一次方程式没有解，则表示这两条直线是平行的；如果一个二元一次方程组存在多个解，那么这两条线之间的关系就是一致的。

其次，根据这一节课的难度，给出了一道例题，这是一道很好的题目，它着重于培养学生的解题过程和语言的简洁性，在此基础上，教师可以先让学生解题，再给他们讲解。

例1：计算两条直线相交处的坐标，L_1：$5x+6y-4=0$，L_2：$3x+y+4=0$。

例2：请确定下列两条线的位置关系，求出两条线的交叉点的坐标，L_1：$2x-y=0$，L_2：$4x+4y-9=0$；L_1：$5x+6y-8=0$，L_2：$6x+8y-10=0$。

对以上两道例题的解答，既能让学生更好地理解直线交点的位置关系，又能更好地掌握相应的解题方法，并根据相应的问题，对解题方法进行适当的扩展和延伸。

例3：知道 a 为一个实数，且直线 L_1：$ax+2y+3=0$ 和直线 L_2：$x+2y-a=0$ 这两条线的相交为 M，如果这两条线的相交既不在第1个象限内，又不在 x 轴上，求这两条线的相交点 M。

在整节课的教学过程中，可以利用函数与方程的思想，引导学生在图形语言与符号语言之间进行相互转换，从而使学生将几何问题转化为代数问题，并在自己的头脑中建立起相应的知识体系，从而达到有效破解教学难点的目的。

总而言之，数学思想是数学知识的精华与规律，利用数学思想来进行数学教学，不但可以使学生准确地掌握相关的数学知识，找到数学知识之间的联系，构建出相应的知识体系，还可以有效地破解相关的教学难点，促使学生在解决难题的过程中，可以灵活地应用数学思想来进行问题解答，从而实现高效化解题、高效化学习

参考文献

［1］R·M·加涅，W·W·韦杰，K·C·戈勒斯，等.教学设计原理［M］.
5版.皮连生，王小明，庞维国，等译.上海：华东师范大学出版社，2018.

［2］大卫·苏泽.教育与脑神经科学［M］.方彤，黄欢，王东杰，译.上海：
华东师范大学出版社，2014.

［3］施良芳，崔允漷.教学理论：课堂教学的原理、策略与研究［M］.上海：
华东师范大学出版社，2009.

［4］维克托·迈尔–舍恩伯格，肯尼斯·库克耶.与大数据同行［M］.上海：
华东师范大学出版社，2015.

［5］严士健，王尚志.普通高中课程标准实验教科书·数学1（必修）［M］.
北京：北京师范大学出版社，2011.

［6］中华人民共和国教育部.普通高中数学课程标准（2017年版2020年修订）
［M］.北京：人民教育出版社，2020.

［7］高博.中学综合实践活动中小组合作学习的研究［M］.北京：中国文联出
版社，2014.

［8］张奠宙，宋乃庆.数学教育概论［M］.北京：高等教育出版社，2004.

［9］蔡小雄.更高更妙的高中数学思想与方法［M］.5版.杭州：浙江大学出版
社，2013.

［10］杜·舒尔茨.现代心理学史［M］.杨立能，沈德灿，译.北京：人民教育
出版社，1981.

［11］赵煜政.高中数学导学案中"导"的教学实践与研究［D］.呼和浩特：
内蒙古师范大学，2014.

［12］孙文晋.导学案教学在高中数学中的实践与思考［D］.开封：河南大学，2014.

［13］张琛.有效数学课堂的"学案导学"教学模式研究［D］.福州：福建师范大学，2014.

［14］隋婷婷.新课程下高中函数教学改革的个案研究［D］.长春：东北师范大学，2007.

［15］许小彦.高中函数教学设计的理论与实验研究［D］.兰州：西北师范大学，2009.

［16］叶琳.高中生数学解题能力培养研究［D］.宁波：宁波大学，2014.

［17］文培峰.基于建构主义理论的导学探究式教学法在高中数学课堂教学中的实验研究［D］.南昌：江西师范大学，2005.

［18］孟祖国.高中数列的有效教学研究［D］.武汉：华中师范大学，2011.

［19］杨兴.新课改背景下高中数学教育教学观念的转变路径探析［J］.西部素质教育，2016（5）：104.

［20］吴依萍.新课改背景下高中历史教学观念的转变［J］.学周刊B刊，2013（9）：195.

［21］苏兴中.新课改背景下高中数学教学存在的问题及思考［J］.教育观察（下旬），2017（9）：50-51.

［22］刘小丹.浅谈高中数学教学的创新教育［J］教学研究，2010（1）：87-89.

［23］杨慧.在高中数学教学中进行创新教育的探讨［J］.管理学刊，2006（3）：129-131.

［24］郑帅.高中数学高效课堂［J］.教育现代化，2018（2）：162-163.

［25］邵祝会.初中数学高效课堂教学方法的实践与探索［J］.未来英才，2014（12）：52.

［26］巴久尔的.高中数学分层教学研究策略［J］.小作家选刊（教学交流），2015（25）：45-46.

［27］何双飞.新课程背景下就高中数学教学的研究［J］.中文信息，2014（2）：94.

［28］李向芬.问题驱动下的高中数学创新教学模式研究［J］.教育现代化（电子版），2016（39）：294-295.

［29］罗文婷.核心素养视角下高中数学高效课堂的构建［J］.西部素质教育，2017（12）：173.

［30］黄智斌.浅议数学在经济中的应用［J］.职业时空（下半月刊），2007（12）：49.

［31］黄铁琦.高中数学与初中数学思维差异以及衔接措施［J］.新课程（教师），2009（12）：105.

［32］胡一鸣.高中生如何在黄金备考阶段学好数学［J］.数学大世界（上旬），2017（9）：5.

［33］徐慧艳.浅谈心理学在高中数学教学中的应用［J］.数理化解题研究（高中版），2017（15）：11.